GÉNÉRAL CORDONNIER

La Tranchée de la Soif

ÉPISODE DES COMBATS

DE LA

LÉGION DE SAINT-MIHIEL

Avec 2 portraits, 1 croquis, 2 cartes hors texte
un appendice donnant la liste nominative des pertes et un second ayant trait aux actions
du Commandant d'André

BERGER-LEVRAULT, ÉDITEURS

NANCY-PARIS-STRASBOURG

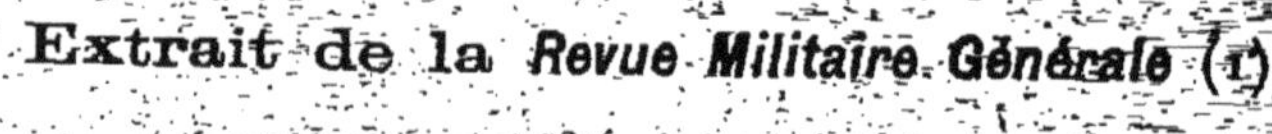

Extrait de la *Revue Militaire Générale* (1)

(Nos des 15 janvier et 15 février 1922)

---

(1) *Comité de Patronage de la* **Revue Militaire Générale** :

M. Raymond POINCARÉ,
Président de la Société des Officiers de complément de France

Maréchal JOFFRE.
Maréchal FOCH.
Maréchal PÉTAIN.
Maréchal LYAUTEY.
Maréchal FRANCHET D'ESPEREY.

Général Dubail.	Général Nivelle.
Général Lanrezac.	Général Mangin.
Général d'Urbal.	Général Debeney.
Général Maistre.	Général Prax.
Général Hély d'Oissel.	Général Mordacq.
Général Berdoulat.	Général Degoutte.
Général Berthelot.	Général Weygand.
Général Guillaumat.	Amiral De Bon.

Gal Cordonnier

GÉNÉRAL CORDONNIER

La Tranchée de la Soif

ÉPISODE DES COMBATS

DE LA

RÉGION DE SAINT-MIHIEL

Avec 2 portraits, 1 croquis, 2 cartes hors texte
un premier appendice donnant la liste nominative des pertes et un second ayant trait aux œuvres
du Commandant d'André

BERGER-LEVRAULT, ÉDITEURS

NANCY-PARIS-STRASBOURG

1922

OUVRAGES DE M. LE GÉNÉRAL CORDONNIER

Les Japonais en Mandchourie (Charles-Lavauzelle).
Les Tribulations de Rheinbaben (*Revue de Cavalerie*).
De l'Hypothèse à la Victoire (*Revue de Cavalerie*).
Une Brigade au Feu (Charles-Lavauzelle).
Le 22 août 1914, à la droite de la 4ᵉ Armée (*Revue Militaire Française*).

En préparation :

La 8ᵉ Division au Feu.
A Salonique.

AVERTISSEMENT

C'est au nom du 2ᵉ bataillon du 172ᵉ régiment d'infanterie, que celui qui fut mis hors de combat au bois d'Ailly, avant d'avoir pu donner sa mesure, eut déjà l'honneur d'exposer à M. le général Cordonnier de quelle impérissable gratitude est cimenté le monument de reconnaissance que les rescapés de ces journées sanglantes entendent élever à l'âme éminente qui sut, si prestigieusement, évoquer l'intensité de leur sacrifice, dans les pages magistrales, extraites, ci-après, de la *Revue Militaire Générale*.

Or, comme pour animer ce monument de la piété française, voici que M. le général Cordonnier, cédant aux instances qui lui étaient adressées, a bien voulu laisser publier ici sa photographie. Ce dernier geste nous touche infiniment, autant qu'il nous honore, et nous nous unissons tous pour lui en exprimer nos remerciements dans un élan du cœur.

Il est juste, en effet, que nos descendants aient à jamais présente à leurs yeux l'image du plus généreux des chefs, celui dont l'autorité incontestée a dû se doubler d'un rare courage civique pour prendre ainsi, *motu proprio*, la défense des immolés, en arrachant leur cause à l'inévitable critique du début et à l'oubli final ensuite. Et n'était-ce pas, précisément, à M. le général Cordonnier que revenait la parole dans ces tragiques conjonctures?

Aussi bien comprendra-t-on qu'à cette photographie du glorieux soldat — mis, depuis, si brillamment en relief par l'épopée de l'armée d'Orient — nul cadre ne puisse mieux convenir que ces listes des pertes, dressées après l'épisode du bois d'Ailly et reproduites en fin de brochure aux appendices : pertes en *hommes* et en *œuvres*.

D'Andre.

Soisy-sous-Montmorency, 1er mars 1922.
Mercredi des Cendres (*Pulvis es...*).

LA TRANCHÉE DE LA SOIF

ÉPISODE

DES COMBATS DE LA RÉGION DE SAINT-MIHIEL

I

LA HERNIE DE SAINT-MIHIEL

Le 12 septembre 1914, la bataille de la Marne était gagnée. Joffre se préoccupait de rendre la victoire décisive par une exploitation aussi complète que possible du succès obtenu. Il avait été obligé, pour vaincre, de jeter tout son monde à la bataille, et de réclamer de tous les plus vigoureux efforts. Pour se créer des disponibilités, il dut opérer des prélèvements sur les portions du front qui paraissaient d'importance secondaire; pour empêcher l'ennemi d'en faire autant, il fallait l'attaquer partout ou, tout au moins, le tenir partout sous la menace de l'attaque.

A la date du 12 septembre, la région située entre Moselle et Suisse était passée au second plan; aussi le général en chef donna-t-il l'ordre au commandant de la Ire armée — général Dubail — de mettre à sa disposition un corps d'armée; le 8e corps, commandé par le général de Castelli, fut désigné.

Ce corps d'armée commença à s'embarquer, dans la matinée du 14 septembre, à Bayon—Châtel; il allait vers Commercy pour faire partie de la IIe armée que commandait le général de Castelnau, chargé d'opérer, à l'ouest de la Moselle, dans la Woëvre. Au moment où le général Dubail le releva du front de la Ire armée, le 8e corps était engagé en pleine bataille. Soustraire à la lutte une grande unité, et ne la remplacer sur le front que par l'extension, vers l'espace laissé vide, des unités voisines, est une opération fort difficile, qui réclame une grande habileté ou un grand bonheur. Le général Dubail eut cette habileté ou ce bonheur. Le front de la Ire armée se maintint, le passage du 8e corps de la région de Bayon—Châtel à la région de Commercy—Saint-Mihiel s'effectua sans que l'ennemi trouvât l'occasion d'intervenir.

Le général de Castelli était à peine arrivé à la IIe armée, que cette IIe armée disparaissait; le général de Castelnau se rendait dans la région d'Amiens; il laissait le 8e corps à la IIIe armée, que commandait le général Sarrail, et il donnait au général Dubail, outre la place de Toul et les divisions de réserve qui en occupaient les environs, la 2e division de cavalerie.

« Ma mission, écrit le général Dubail dans son Journal de campagne, est de m'opposer à toute offensive allemande... De plus je dois avoir une attitude menaçante. »

Cette attitude menaçante était commandée à tous, puisque tous devaient empêcher l'ennemi de dégarnir son front; aussi le 8e corps, à peine débarqué, était-il lancé dans une action offensive par les Hauts de Meuse, en direction de Woël.

Le 19 septembre, la 16e division, que commandait le général Piarron de Mondésir, avait une affaire avec des forces allemandes pourvues d'artillerie, à Woël et plus à l'est. Le 13e d'infanterie, qui couvrait cette division vers le sud, échangeait une vive fusillade avec l'ennemi, du côté de Saint-Benoît. Enfin, le régiment de cavalerie Stœcklen, du groupe de divisions de réserve que commandait le général Pol Durand, avait la chance de mettre la main, près d'Heudicourt, sur une patrouille de cavalerie allemande, qui faisait connaître que deux corps d'armée ennemis, fortement pourvus d'artillerie lourde, avaient quitté Metz, la veille, et se trouvaient dans la région de Saint-Benoît—Thiaucourt et plus au nord, et qu'ils allaient attaquer l'armée française. Le général Sarrail a son attention occupée ailleurs; personne ne sonne au Grand Quartier Général la cloche d'alarme.

Aussi, le soir du 19 septembre 1914, le 8e corps recevait-il l'ordre de renouveler la rupture du combat qu'il avait exécutée avec tant d'habileté ou de bonheur, à la Ire armée, une semaine auparavant.

Par ordre du Grand Quartier Général, le 8e corps devait être groupé dans la région de Sainte-Menehould, à la disposition exclusive du général en chef.

C'était la même idée de manœuvre qui persistait dans l'esprit de Joffre. User d'une troupe de bonne qualité pour bourrer sur l'ennemi, faire une menace impressionnante, puis retirer en arrière cette excellente troupe et ne laisser que des unités de réserve, pour maintenir l'impression acquise et conserver le front de combat.

Que voulait faire Joffre du 8e corps? Une réserve générale destinée à donner des coups de boutoir de proche en proche? Une unité qui accourrait vers tout danger qui se manifesterait en Champagne, en Argonne ou en Woëvre? Peut-être, plutôt, une troupe qui serait embarquée, en chemin de fer, à Sainte-Menehould, pour aller participer à la course à la mer? C'était déjà à Sainte-Menehould que le 4e corps avait été embarqué, aux premiers jours de septembre, pour se rendre sur l'Ourcq; le 8e corps était donc en place pour voler vers l'aile gauche française, au premier appel.

Au temps de Napoléon, les corps d'armée qui avaient à répondre à plusieurs hypothèses, s'articulaient vers ces hypothèses, en lançant des avant-gardes dans les directions d'action probable; de nos jours, il peut en être de même pour les petites distances, mais c'est par le jeu des voies ferrées que le général en chef se prépare à employer ses disponibilités; grâce aux voies ferrées, le général en chef peut étendre le champ de ses hypothèses et de ses manœuvres.

Il est donc probable qu'en appelant le 8e corps à Sainte-Menehould, Joffre n'avait pas seulement préparé l'emploi de cette réserve générale à une action en Champagne, comme cela a été dit à la Commission d'enquête de Briey, mais qu'il avait envisagé, au contraire, des éventualités multiples pour l'utilisation des troupes du général de Castelli.

L'imagination — à condition qu'elle soit réglée — est une qualité du chef; plus l'imagination est fertile, plus l'imprévu a son champ restreint. Napoléon ne fut presque jamais surpris par les événements, Guillaume II le fut toujours; Moltke, le vieux, l'a été souvent.

Il n'aurait pas dû y avoir de surprise, le 20 septembre, en Woëvre. Le champ d'opérations entre Woël et Metz était restreint, les routes peu nombreuses, les espaces coupés par des marais et des étangs. Il y avait pour voir : des observatoires comme les Hauts de Meuse qui dominent toute la Woëvre d'Hattonchâtel à Metz; des avions pour scruter les couloirs par où les routes traversent la région des étangs; des canons, des fusils et des sabres pour obliger l'ennemi à se battre et livrer ses projets. De fait, on a vu, puisque des combats ont eu lieu, puisqu'on a ramassé des prisonniers bavards.

Mais des éclaircies pratiquées au hasard, sans qu'une idée directrice les ait fait rechercher, des dires de prisonniers qui surprennent celui qui les entend, parce qu'on l'a laissé végéter dans son coin, sans ouvrir son esprit vers des éventualités possibles, ne donnent rien de sérieux.

Un renseignement, même extravagant à première vue, peut ouvrir de vastes et nouveaux horizons au chef. Ce chef, pour fixer son opinion, fait vérifier le renseignement; il ordonne une petite opération qui lui procurera d'autres prisonniers qui parleront.

En un mot, s'il y avait eu près d'Hattonchâtel le commandant de l'armée, ou un chef auquel le commandant de l'armée aurait donné des directives et autorité sur l'aile droite de la IIIe armée, la présence de l'armée de von Strantz, à proximité des Hauts de Meuse, aurait été dévoilée dès le 19 septembre. Compte rendu eût été envoyé à Joffre, le corps d'armée du général Castelli se serait campé sur les Hauts de Meuse et, aidé des divisions de réserve du général Pol Durand, aurait infligé à von Strantz l'obligation de faire face, avec la plus grosse partie de ses forces, aux Hauts de Meuse.

Pendant ce temps, le général Dubail, qui avait appris par sa 73e division de réserve la présence « de six régiments d'infanterie bavaroise appartenant au IIIe corps dans la région de Beney, Thiaucourt et Pannes, et d'une division du XIVe corps vers Viéville et Fey-en-Haye » (Journal de campagne, journée du 20 septembre), aurait attaqué du sud au nord.

C'était peut-être le refoulement vers Metz de l'armée de von Strantz; c'était, en tout cas, son arrêt, en Woëvre.

Les renseignements ne sont pas utilisés ou pas compris, peut-être même pas transmis par ceux qui les recueillent ; le 8e corps n'est pas retenu sur les Hauts de Meuse ; on ne sait pas, le 19, que l'ennemi est là ; on ne l'apprend que le 20. Il est trop tard.

Le 24 septembre, Saint-Mihiel, Chauvoncourt sont entre les mains des Allemands ; le 25 au matin, le fort du Camp des Romains tombe.

Une division du 8e corps, ramenée à Lérouville, fait, avec la 2e division de cavalerie, la liaison entre les IIIe et Ire armées.

Le danger est grand, c'est la prise à revers de Verdun et de l'Argonne. Au Grand Quartier Général, on estime que la IIIe armée doit être subordonnée au commandant de la Ire armée ; le général Dubail reçoit l'ordre de prendre le tout sous son haut commandement.

Von Strantz est arrêté, au nord-ouest, à l'ouest et au sud, mais la *Hernie de Saint-Mihiel* est formée. Il faudra attendre l'aide des Américains et le 12 septembre 1918 pour en chasser les Allemands.

Depuis la fin de septembre 1914, jusqu'à ce que Verdun et la Somme absorbent la puissance offensive des Allemands et des Français, il y aura des combats aux Éparges, à la Tranchée de Calonne, à Chauvoncourt, au bois d'Ailly, à la Vaux-Féry, à la Tête-à-Vache, au bois Brûlé, les Allemands cherchant à élargir la hernie, les Français s'efforçant de l'étrangler.

Le combat de la Tranchée de la Soif est un des épisodes de cette lutte sanglante et ininterrompue.

II

LA PERTE DE LA MAISON BLANCHE

———

La Meuse, depuis ses sources jusqu'au pays de Jeanne la Pucelle, et au delà jusqu'à Pagny, coule du sud au nord, sans tracer beaucoup de méandres ; si elle s'écarte quelque peu de cette direction générale, vers l'est, c'est pour recevoir les hommages de la Moselle qui vient pieusement à Toul, faire sa révérence au fleuve qui a vu naître la libératrice de la France.

Mais, après Pagny, la Meuse s'en va vers l'ouest, comme après Toul la Moselle se dirige vers l'est.

Ce n'est qu'après Void que la Meuse reprend sa route vers le nord, en inclinant toutefois quelque peu vers l'ouest.

Après avoir baigné Commercy, Boncourt, Mécrin et laissé, à quelques centaines de mètres vers l'ouest, Lérouville et Sampigny, la Meuse arrose le hameau de Brasseitte, longe à l'ouest une longue croupe, celle de la Maison Blanche, et, fonçant sur le village d'Ailly, elle cherche à piquer droit sur Saint-Mihiel.

C'est alors qu'elle se heurte à la crête fatale qui porte le fort du Camp des Romains, le bois d'Ailly et la route de Saint-Mihiel à Apremont qui circule sur le sommet de cette crête. De ces hauteurs, partent des contreforts vers Mécrin, par la Maison Blanche; vers Marbotte par la Vaux-Féry et la Croix Saint-Jean; vers l'étang de Ronval par la Tête-à-Vache; vers Saint-Agnant par le bois brûlé et le bois Jurat.

Des milliers d'hommes combattront sur ces lieux tristement célèbres, transformant la région, autrefois si belle et si riante, en un immense cimetière.

C'est là qu'est la branche sud de cette vaste Hernie de Saint-Mihiel, celle que le 8e corps aura mission de rendre inviolable, et qui fut, mais au prix de lourds sacrifices, inviolée.

La Meuse, ne pouvant forcer la barrière de hauteurs qui domine Ailly vers le nord, se divise, non pas pour régner, mais pour fuir plus vite ces hauteurs peu courtoises; elle forme ainsi la petite île de Han, que Français et Allemands se disputeront l'été, la laissant à la Meuse, qui la couvre de ses eaux, pendant l'hiver. Ensuite, le fleuve revient quelque peu sur ses pas, mais, s'apercevant au village de Bislée qu'une brèche existe dans la ligne de faîte, entre le fort du Camp des Romains et le fort des Paroches, elle se jette droit sur Saint-Mihiel et reprend, triomphante et obstinée, comme une Lorraine qu'elle est, la route qu'elle s'était choisie.

En passant, elle sert de miroir à la belle et vieille cité de Saint-Mihiel et au village de Chauvoncourt que de nombreuses et nouvelles casernes ont transformé en un lieu important.

Le vieux pont de Saint-Mihiel avait été détruit, par des mains françaises, au moment de la bataille de la Marne; il en avait été de même des passages de la Meuse jusqu'au nord de Dieue; comme si, dès les premiers jours de septembre, le commandant de la IIIe armée avait renoncé, à tout jamais, à vouloir défendre Saint-Mihiel, toute la région des Hauts de Meuse : d'Apremont à Hattonchâtel et d'Hattonchâtel à Haudiomont, et le bassin de Briey. Mais, si le pont de Saint-Mihiel avait été détruit, une large passerelle, que personne ne défendit, était demeurée pour relier Saint-Mihiel à Chauvoncourt; de sorte que, maître sans combat de Saint-Mihiel, von Strantz n'a eu qu'à utiliser la passerelle pour gagner Chauvoncourt et s'y installer.

Chauvoncourt forme une tête de pont sur la rive gauche de la Meuse, un point de départ pour une avancée sur Rupt et l'encerclement de la région de Verdun. Le général Dubail ordonnera de rejeter dans la Meuse les Allemands qui occupent Chauvoncourt, comme il prescrira d'attaquer par le bois d'Ailly vers la crête de Saint-Mihiel à Apremont. A Chauvoncourt, comme au bois d'Ailly, la lutte demeurera quatre années sans résultat.

Le 8e corps aura la garde de la presqu'île de Bislée, de la presqu'île de Han et des hauteurs boisées qui s'étendent entre les villages d'Ailly et d'Apremont. Il s'y usera, au point que le commandement devra lui adjoindre des troupes venues d'ailleurs, notamment le *Bataillon d'André* qui s'immortalisera à la *Tranchée de la Soif*.

Plus tard, les effectifs seront diminués, des régiments de réserve remplaceront des corps actifs, puis des régiments de l'armée territoriale suppléeront à l'absence des régiments de réserve qui iront à Verdun; enfin, on verra de solides bataillons de R. A. T. tenir là, où, au début, il fallait des bataillons actifs.

Avec le temps également, le secteur du 8e corps ira s'élargissant; la région des Paroches lui sera donnée, tandis que, vers l'est, la zone marécageuse que domine le fort de Gironville viendra augmenter son domaine.

Toujours, de ce côté, le commandement sera tenu en haleine, toujours la mission réclamera de la troupe le maximum d'efforts. Mais toujours aussi, en arrière du front, les soldats trouveront dans les populations le secours le plus empressé, la confiance la plus absolue dans le succès. On a du cœur à défendre un pays où se rencontrent à un tel degré ces sentiments qui honorent la race française. C'est sans doute à cause de cela que, au milieu des souffrances, le soldat du bois d'Ailly ne pensera jamais à se plaindre; à aucun moment, dans la région de Commercy, la discipline ne fléchira.

Cependant, les épreuves seront sévères, puisque, au bois d'Ailly, sur un front de 500 mètres, on relèvera des cadavres français provenant de trente-deux régiments différents.

Aidé par la brigade de Belfort, le 8e corps avait essayé vainement de progresser vers le bois d'Ailly et aussi vers le bois Jurat.

Le 10 octobre 1914, le général de Mondésir reçoit le commandement du 8e corps; le 11, un de ses régiments perd du terrain; le 12, il reconquiert ce qu'il avait perdu la veille. Les semaines se passent, la lutte ne cesse pas; chefs et soldats sont épuisés et se battent vaillamment quand même.

L'hiver 1914-1915 s'écoule ainsi. A la fin de novembre, le général Vandenberg commande la 16e division et le général de Pouydraguin la 15e. Le corps d'armée est renforcé des 210e et 227e régiments de réserve; à la 15e division, la brigade de Belfort remplace la 30e brigade employée ailleurs.

Plus tard, c'est toujours le général Piarron de Mondésir qui commande le corps d'armée, mais des blessures et des changements d'affectation ont causé dans le haut commandement de grands changements. Parmi les blessés est le colonel Valentin, un modèle d'énergie et de bravoure, qui a un bras emporté.

Aussi, au début de mai 1915, le général Rouquerol commande la 16e division, vers la Tête-à-Vache et le bois Brûlé; le général Blazer est chef de la 15e division et se bat au bois d'Ailly.

La crête de la Maison Blanche—bois d'Ailly a l'un de ses versants qui tombe sur la Meuse, c'est le versant de Brasseitte—village d'Ailly; l'autre versant dessine le ravin du bois Mullot qui pénètre dans le bois d'Ailly, très profondément, et en forme la limite occidentale.

Maintes fois, nous avions essayé de gagner du terrain par la crête et le versant de Brasseitte, où notre infanterie pouvait être fortement aidée par notre canon. Mais, du haut du fort du Camp des Romains, tous nos mouvements étaient vus, et la puissante artillerie allemande, que rien ne pouvait maîtriser, arrêtait tout progrès.

Le général Blazer avait donc choisi pour ses attaques la crête de la Maison Blanche et le versant du bois Mullot. Avec une ténacité opiniâtre, il avait gagné du terrain, pied à pied, vers le bois d'Ailly. Le 56e d'infanterie, électrisé par le colonel Duchet, un vaillant parmi les vaillants qui a trouvé en Champagne une fin glorieuse, ne se laissait rebuter ni par la mauvaise saison, ni par les pertes, ni par les terribles souffrances de combats incessants dans une région où l'eau manquait, et où le sol ne fut bientôt formé que par des cadavres en décomposition.

Tant de vaillance, alliée à tant de volonté tenace, avait été couronnée de succès, nos fractions avancées du 56e avaient fortement pénétré dans le bois d'Ailly; elles approchaient de la crête, d'où nous aurions des vues sur les communications du fort du Camp des Romains avec Saint-Mihiel.

Mais la 15e division, tout entière, avait besoin de repos, avant de reprendre sa tâche; sa relève momentanée fut décidée; la division Brulard du 1er corps d'armée la remplaça dans une partie de son secteur, au bois d'Ailly. Avec le 8e d'infanterie et le 73e d'infanterie, le général Duplessis occupa le terrain, depuis le ravin du bois Mullot jusque vers la Meuse, pendant que le 56e d'infanterie allait à Sorcy prendre un repos bien gagné.

A la gauche de la brigade Duplessis, le 134e d'infanterie défendait les presqu'îles de Han et de Bislée; à la droite de cette brigade, il y avait la brigade du général Krien (blessé mortellement près de Marbotte) qui occupait la Vaux-Féry.

Le général Brulard se tenait au poste de commandement du général commandant la 15e division; il avait autorité sur ses propres troupes, mais le commandement tactique du secteur tout entier était demeuré entre les mains du général Blazer.

En somme, toutes les précautions semblaient avoir été prises. La division Brulard provenait de ce 1er corps avec lequel le général Franchet d'Esperey avait accompli des merveilles.

Rien que pour conserver un terrain conquis par le 56e, les effectifs nouveaux étaient plus nombreux que ne l'avait jamais été le 56e qui en avait fait la conquête; enfin, le général Blazer était demeuré chef du secteur, actionnant l'artillerie, le génie, les liaisons, orientant chacun sur ce qu'il avait à faire et le faisant avec maîtrise.

Malheureusement, les nouveaux venus n'avaient pas encore eu le temps de bien connaître le secteur, d'en juger les faiblesses, de comparer les apparences avec les réalités.

L'aile gauche de la position voisine de la Meuse, qui paraissait être dans les marécages et impraticable, pouvait donner passage à l'ennemi.

Un peu avant le jour, le 4 mai 1915, une attaque allemande en colonnes profondes, profitant de la demi-obscurité faite par le brouillard fort épais dans cette région de la Meuse, surprit la première, puis la seconde ligne, enleva Brasseitte, s'avança presque jusqu'à Mécrin; prit à revers la Maison Blanche, le cimetière du 56e et les troupes françaises du bois d'Ailly. Tout le terrain gagné pied à pied, pendant un hiver entier, était perdu en une matinée.

Il n'y avait que les cuisiniers à Mécrin, peu de monde en arrière. Si les Allemands, au lieu de limiter leur succès au plan préalablement établi, avaient alimenté leur attaque, le front français était percé; c'en était fait de Commercy et des communications du 8e corps d'armée avec ses ravitaillements vers l'arrière.

Le 5 mai, les Allemands s'installèrent sur la crête de la Maison Blanche qu'ils occupèrent presque en entier; le 6, le général Blazer ne put que s'asseoir en face des Allemands pour parer à une nouvelle offensive de leur part. Il en fut ainsi des jours suivants.

Le 9 mai, au matin, le général Cordonnier, qui commandait un groupe de divisions en Haute-Alsace, était convoqué à Bar-le-Duc par le général Dubail, qui lui donnait ses instructions, le soir même.

Le 10, au matin, promu au commandement du 8e corps, il se présentait au général Roques, commandant de la Ire armée, qui lui parla de la situation; il voyait ensuite le général Micheler, chef d'état-major de la Ire armée, dont le ton d'autorité contrastait avec la forme plutôt nuancée du chef de l'armée, et qui disait : « je » et non : « le général ».

Enfin, le nouveau commandant du corps d'armée joignait l'ancien à Commercy.

Le général de Mondésir (depuis chef du 32e corps d'armée)

oublia sa personne pour ne penser qu'à la France; il mit bientôt son successeur au courant d'une situation qui, d'ailleurs, s'était fort améliorée depuis trois ou quatre jours.

Le 11 et le 12 mai, une attaque sur la Maison Blanche fut préparée. Il était de toute nécessité de reprendre ce point de la crête du bois d'Ailly qui dominait notre nouvelle position et les tranchées du général Krien à la Vaux-Féry.

Mais les Allemands, qui avaient été heureux au bois d'Ailly, voulurent tenter la chance à la Tête-à-Vache. Ils firent exploser une mine, dans la nuit du 12 au 13, et se ruèrent en masse vers la brèche; ils y subirent des pertes considérables que les Morvandiaux du 13e d'infanterie, hommes d'un moral sûr, leur infligèrent en peu d'instants.

Le 14 mai, une nouvelle attaque fut montée par les Allemands : de la Maison Blanche sur Mécrin, trois régiments se ruèrent à l'assaut; mais le 56e était revenu, et l'artillerie se trouvait disposée pour battre le secteur; le général Blazer réussit à écraser les trois régiments ennemis; le 65e allemand périt sur place, presque en entier.

La brigade de Belfort — commandée par le général Dessort et formée des 171e et 172e d'infanterie — arriva renforcer le 8e corps, à sa gauche, et contribuer avec lui à réparer le mal qui restait encore de l'attaque du 4 mai.

III

L'HEURE D'ARCOLE SONNE
POUR LE COMMANDANT D'ANDRÉ

Le moral du 8e corps était rétabli et la puissance offensive des Allemands fléchissait; mais à l'arrière, les esprits étaient loin d'être rassurés; on craignait le retour d'une poussée analogue à celle qui s'était déjà produite.

— « Attaquez, attaquez », disait le téléphone de l'armée.

— « Je m'y prépare, l'artillerie est en place et a déjà fait de bonne besogne, mais l'infanterie n'a aucune tranchée de départ, elle n'a pas encore été réorganisée comme il le faudrait; je n'attaquerai que lorsque les préparatifs seront terminés », répondit le téléphone du corps d'armée.

En fait, le général Roques était d'avis d'attendre la fin des préparatifs, mais son diable de chef d'état-major, soit qu'il prît la chose sous son bonnet, soit qu'il fût harcelé lui-même par l'État-major d'en haut, se rendait insupportable.

Le commandant du corps d'armée finit par donner ordre de toujours répondre au chef d'État-major de l'armée, qu'il était au front à presser les travaux en vue de l'attaque.

Les dernières journées avaient été bien employées. Le 13, l'explosion de la mine allemande à la Tête-à-Vache nous avait procuré un petit succès.

Le 14, la violente attaque allemande avait été sévèrement punie, sans presque nous rien coûter. Dans une seule tranchée, d'où les Allemands furent chassés après y avoir pénétré, l'ennemi avait laissé 150 morts; sur le terrain on compta de 700 à 800 tués ou blessés; enfin, 80 prisonniers furent amenés à Commercy.

Pour attaquer, il fallait des troupes fraîches, le général Dessort les amena.

La brigade de Belfort, on l'a vu plus haut, avait été rattachée au 8e corps dès le 28 septembre 1914; elle avait contribué à comprimer la hernie de Saint-Mihiel vers le sud; son ancien chef, le général Rouquerol, commandait maintenant la 16e division.

C'est avec joie qu'on la vit arriver; il ne lui fallut pas beaucoup de temps pour se remémorer le secteur.

Aussi, le 16 mai, le 171e, muni des ordres du général Blazer, reconnaissait la zone d'attaque qui lui était assignée. Le général Dessort et le colonel Duchet réglaient tous les détails.

Le 17 mai, sous les yeux du général Dubail, commandant le groupe d'armées, le général Blazer obtenait un notable succès.

Deux bataillons du 171e et un bataillon du 56e, bien que partis d'une base à peine dégrossie, s'élevaient sur les pentes de la Maison Blanche, enlevaient plusieurs lignes de tranchées et se rendaient maîtres de la hauteur de la Maison Blanche, qui forme en quelque sorte le seuil du bois d'Ailly.

Les Allemands avaient été surpris par la violence de l'attaque; ils laissèrent 250 prisonniers entre nos mains et 3 mitrailleuses.

Le terrain de la Maison Blanche n'avait plus aucune consistance. Au cours de la lutte de l'hiver précédent, l'avance s'était faite pied à pied, souvent à la mine. Une tranchée prise était le lendemain retournée contre l'ennemi qui la reprenait le surlendemain.

Aussi, bien que l'on se fût mis avec acharnement à l'organisation du terrain conquis, dès le 17, le 19 au soir l'organisation laissait encore fort à désirer.

Or, on ne pouvait retarder davantage une nouvelle attaque; non seulement parce que le haut commandement manifestait de plus en plus d'impatience, mais surtout parce que la position nouvellement reprise à la Maison Blanche était un nid à projectiles, tant elle était étroite.

Le 18 mai, dans la journée, le commandant du 8e corps recevait une directive traçant la conduite à tenir. Trois devoirs principaux étaient fixés :

« Assurer l'inviolabilité du front;

« Attaquer l'ennemi;

« Reconstituer les corps de troupe dont l'état de fatigue n'est pas douteux .»

Or, le 19, il fallait attaquer, sous peine de voir le nouveau front de la Maison Blanche violé par l'ennemi.

Le bataillon d'André — 2e bataillon du 172e d'infanterie — fut amené sur le terrain du bois Mullot, avec ordre de participer à une grande attaque qui serait faite de concert avec le 171e et la brigade Krien du 8e corps.

Il s'agissait de gagner du terrain vers le nord, pour permettre des attaques combinées de front et de flanc contre les tranchées allemandes du ravin du bois Mullot et de la Vaux-Féry.

Le commandant d'André était très connu dans l'armée, à cause de ses idées originales sur le tir, idées dont la guerre a d'ailleurs montré toute la valeur (1). Il avait fait partie de la Mission militaire française du Pérou, du 21 mars 1900 au 28 avril 1911, et

____

(1) Voir Appendice II.

y avait exercé des fonctions du grade le plus élevé. Affecté, en qualité de chef de bataillon, au 150e d'infanterie à Saint-Mihiel, au mois de juin 1911, il avait eu l'occasion de connaître dans ses détails la région de Saint-Mihiel, du Camp des Romains, du bois d'Ailly.

Quand la guerre éclata, il faisait partie du cadre complémentaire de son régiment; ce qui lui valut d'être nommé au commandement du 6e bataillon du 350e d'infanterie, à la mobilisation.

Le 350e d'infanterie fit partie du groupe de divisions de réserve du général Pol Durand. Il prit part à des opérations de détail en Woëvre (combat d'Étain), puis, avec le général Maunoury, il alla se battre sur l'Ourcq (1).

------

(1) Le 2 septembre, à Senlis, le 6e bataillon du 350e protège, en fin de journée, la retraite de sa brigade (la 112e). L'héroïque capitaine Valentin (père de quatre enfants) est tué d'une balle à la tête, à vingt pas derrière le commandant d'André, au moment où celui-ci, le voyant blessé à la main et à la cuisse et soutenu par deux hommes, lui ordonne d'abandonner le combat et de passer le commandement à l'officier de réserve, le lieutenant Vanberghue (père de cinq enfants), tué, lui aussi, peu de jours après.

Le 5 septembre, c'est le combat de Saint-Soupplets.

M. le général Félix de Dartein, dans son livre *La 56e division au feu* (*), déclare : « Je ne disposais que d'un petit bataillon frais » et, plus loin, il ajoute : « Cette fin de journée (5 septembre) a été heureuse, elle nous a permis d'occuper Saint-Soupplets, notre objectif. Elle a montré aux hommes que la persistance dans le but à atteindre est souvent récompensée et que, malgré les difficultés et les échecs partiels, il faut toujours avoir la ferme volonté d'atteindre le résultat à obtenir. En outre, si Saint-Soupplets avait été occupé par l'ennemi, il aurait été très difficile, le lendemain, de déboucher du bois des Tillières et de la route de Dammartin. » (P. 104.)

Or *le lendemain*, c'était la bataille de l'Ourcq, prélude de la Marne; quant au *petit bataillon frais*, en question : c'est d'André qui le commandait. L'histoire vaut d'en être contée.

La journée du 5 septembre est très dure, pour la 56e division, qui, à bout de souffle, ne peut s'emparer de Saint-Soupplets. Des quatre chefs de bataillon de la 112e brigade, d'André reste le seul valide (un, le commandant Nouvelles, est même très gravement blessé, et un autre, le commandant Prouteaux, l'est mortellement), d'André, lui-même, a la main légèrement écorchée d'un éclat d'obus.

Vers les 6 heures du soir, il reçoit l'ordre de repli. Or, il a perdu une compagnie dans l'action. Il se jette, sous bois, avec les trois autres et est assez heureux pour rameuter les rescapés de l'autre bataillon de son régiment qui est réduit à environ une compagnie et demie. Un peu plus loin, il rencontre le sous-lieutenant Lheureux, du 65e chasseurs, ralliant les débris de son bataillon, environ une compagnie. D'André remet tout ce monde-là en main et arrive ainsi à une route forestière, sur laquelle reflue un torrent d'hommes épuisés, de blessés gémissant, une troupe devenue foule, battant en retraite à pas précipités. Prenant sur lui de remonter le courant, le commandant d'André va offrir ces cinq compagnies et demie au général de Dartein qui s'écrie : « Vous avez ce monde-là dans la main, d'André? On reprend Saint-Soupplets ! »

Et il est fait comme il est dit.

(*) Berger-Levrault, éditeurs.

Le commandant d'André, au combat d'Étrépilly, le 7 septembre, en enlevant une section de mitrailleuses allemandes qui fut le trophée d'armes de sa division (la 56e) à la bataille de la Marne, est blessé d'une balle de mitrailleuse, à l'aine, mais il conserve son commandement. Cette journée d'Étrépilly (attaque de jour et assaut de nuit) est très meurtrière pour le bataillon d'André qui se trouve avoir perdu le 50% de ses cadres et ne peut faire l'appel que de 287 hommes en fin de combat. On compte, parmi les tués du 7 septembre : les lieutenants Bomboy et Hahn (ce dernier père de cinq enfants), le sous-lieutenant Tricotet, ainsi que les adjudants-chefs Anciaux, Sthul et Bertrand. Les sous-lieutenants Bonnet et Geishmann sont dangereusement blessés.

Le 13, le commandant d'André reçoit une seconde blessure, éclat de shrapnell au péroné gauche, mais aidé de deux béquilles, faites avec des branches d'arbre, il conserve ses fonctions jusqu'au 20 septembre. D'office, il est évacué, sur un hôpital de Nantes qu'il ne quitte que le 15 avril 1915, après avoir subi trois opérations chirurgicales, tant son cas s'était aggravé au cours des sept journées pendant lesquelles il s'était obstiné à conserver son commandement, bien que grièvement blessé.

Le commandant d'André n'était donc pas seulement un esprit cultivé, pas seulement un homme que l'expérience de hauts commandements au Pérou avait mûri, c'était aussi un brave.

A sa sortie de l'hôpital de Nantes, il est versé au dépôt du 150e d'infanterie à Chartres, puis affecté — *Officiel* du 30 avril 1915 — au 372e régiment de réserve, pour en prendre le commandement; il se dirige donc vers Belfort. Mais, par erreur, de régulatrice en régulatrice, il est embranché sur le 172e d'infanterie.

Il arrive le 15 mai 1915 à Commercy, se croyant toujours sur la voie du 372e; il se présente au colonel Gastinel du 172e, qui est heureux de pouvoir lui donner le commandement du 2e bataillon de son régiment, qui est vacant.

Le 17 mai 1915, dans la journée, le commandant d'André, par un de ces hasards qui n'arrivent qu'à ceux que le Destin pousse à la gloire, prenait le commandement d'une unité qui, deux jours plus tard, allait s'illustrer au bois d'Ailly.

Ainsi, ce chef de bataillon, qui habitait Saint-Mihiel le 2 août 1914, et dont la première mission de guerre avait été de barrer à l'ennemi la route de Saint-Mihiel, se retrouvait, après de nombreuses pérégrinations, du fait d'une erreur commise par un scribe du dépôt de Belfort, vers le point d'où il était parti, dès la déclaration de guerre. C'est son foyer militaire qu'il est conduit à reconquérir; il s'immolerait au besoin pour contribuer à réparer le mal causé par ceux qui, par maladresse ou malechance, avaient laissé se produire la Hernie de Saint-Mihiel.

Le commandant d'André est un croyant. Quand il a vu quel concours de circonstances l'avait amené à Commercy, alors que le ministre lui avait assigné la fonction de chef de ce 372e d'infanterie qui appartenait à la 57e division, alors au combat, près de Thann et Dannemarie; quand il y a trouvé précisément une vacance de son grade, dans un régiment qui allait s'efforcer de faire sortir Saint-Mihiel de captivité, il a dû voir, en cela, le doigt de Dieu réglant sa destinée.

Le critique, dans son cabinet, avec la mémoire bourrée de précédents, calculera si le commandant d'André était bien à sa place, quand il partit à l'attaque avec les éléments de tête de son bataillon. Il se dira peut-être que c'est avec ses éléments de queue, avec ses réserves, que le chef règle la manœuvre, intervient dans la bataille? Il y a des jours où sonne l'heure d'Arcole, d'autres où c'est le cadran de Wagram qu'il faut regarder.

Il y a des solutions qu'on adopte d'instinct. A la bataille de la Marne, où je commandais la 3e division, c'est avec le canon que j'ai joué le jeu, et non pas avec des réserves; le 14 septembre, c'est en courant le sabre à la main, le premier de tous, que j'ai entraîné le 72e d'infanterie à l'assaut des hauteurs de Saint-Thomas, en Grurie; mais, parti le premier, je ne suis arrivé qu'avec les derniers, car, à cinquante-six ans, quoi qu'on fasse, on ne peut gagner la course contre des jeunes gens de vingt ans. Bonaparte, à Arcole, pouvait conserver sa place en tête, puisqu'il avait l'âge de ses soldats, mais à Waterloo il n'y aurait pas réussi.

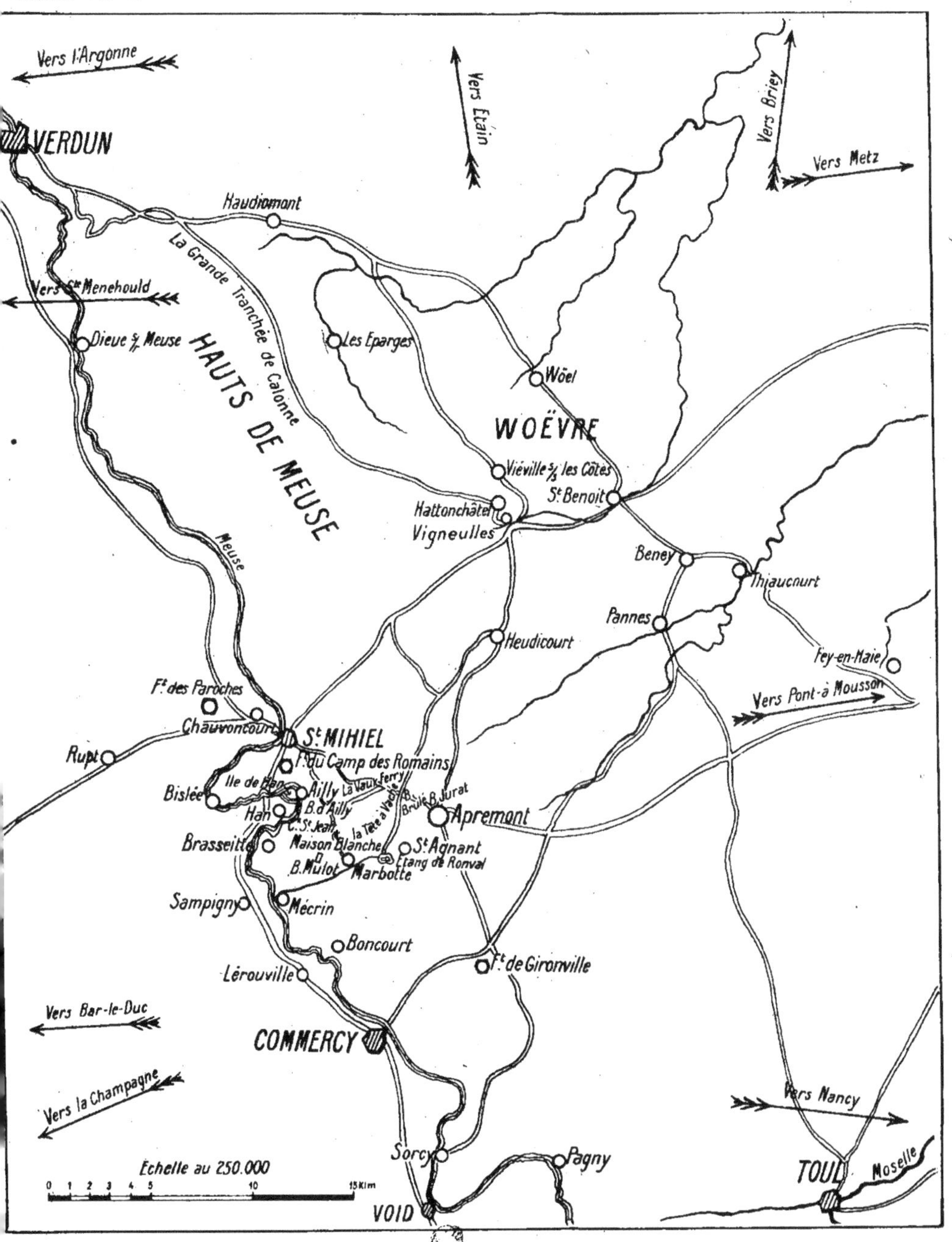

Carte d'ensemble pour suivre les opérations au bois d'Ailly en mai 1915.

Il me semble que si je me retrouvais dans des situations analogues à celles que j'ai connues à la Marne et à Saint-Thomas, je tenterais d'agir encore comme je l'ai fait.

Pour le commandant d'André, c'est l'heure d'Arcole que marquait le Destin.

Il n'était pas très ingambe, cependant. Il est né en 1867 et, auprès de lui, il y a le sous-lieutenant Boyer-Ressès de la Promotion de la Croix du Drapeau et le sous-lieutenant Rouquerol, de la même promotion, qui ont des jambes autrement jeunes et qui sont de fameux entraîneurs que suivront de près les splendides soldats du 172e, si suivre peut se faire.

Bien plus, le commandant d'André est mal remis de ses blessures, il boite et a besoin d'une canne; s'il se laisse devancer par cette jeunesse vigoureuse, il ne pourra la rattraper; il ne pourra l'orienter vers l'imprévu; il ne pourra faire profiter le bataillon de ses connaissances de la région de Saint-Mihiel.

Dans une lettre à sa femme, écrite en captivité, il a dit : « Si j'avais été avec mes anciens du 350e ou du 150e, je serais resté à mon poste de commandement. Mais on ne me connaissait pas; la confiance n'était pas établie; j'avais entendu des voix blanches, mal assurées, il fallait donner l'exemple. Chef veut dire exemple. J'ai été chef, simplement. »

Cette lettre est grosse d'angoisses. Ce héros se demande s'il a fait son devoir; il se forge des objections et les sonde. Quelle belle conscience de soldat! Il a subi les tortures de la Tranchée de la Soif, et il n'est pas encore convaincu d'avoir bien servi sa patrie. Il a vu Saint-Mihiel, de cette corne nord-ouest du bois d'Ailly que personne n'a pu atteindre avant septembre 1918, malgré les plus héroïques efforts; il a atteint le point stratégique dont l'occupation, en forces, par des troupes françaises aurait décidé de la reprise du fort du Camp des Romains, de Chauvoncourt et de Saint-Mihiel, et il craint de n'avoir pas rempli toutes les obligations de sa charge!

L'épisode qui fait l'objet de ce récit : *La Tranchée de la Soif*, était à écrire, ne serait-ce que pour signaler la belle conscience de soldat qu'on rencontre chez le commandant d'André.

IV

PORTÉS DISPARUS

Le plan d'attaque est étudié par le commandant du corps d'armée, le général commandant la 15e division, le commandant de la brigade de Belfort, et le commandant de l'artillerie du 8e corps.

Le but à atteindre est de dégager le flanc est de la croupe de la Maison Blanche et de gagner en même temps quelque terrain au nord, vers le bois d'Ailly. Une attaque partira, du sud au nord, sur la Vaux-Féry, ayant son origine au nord de la Croix-Saint-Jean. Une autre attaque sera lancée de l'ouest vers l'est, combinée avec la première, et aura son origine sur la croupe de la Maison Blanche.

Le 2e bataillon du 172e, couvrira le flanc de cette opération, en attaquant lui-même, de la Maison Blanche, face au nord, dans le bois d'Ailly; il gagnera, telle tranchée allemande située à 300 mètres environ, en avant de la partie la plus avancée de nos positions actuelles; il conservera le terrain conquis, avec une partie de ses forces; puis, avec le reste de son bataillon, le commandant d'André fera face à l'est pour relier l'attaque nord avec l'attaque est.

Le mouvement du bataillon est complexe; il ne peut être nettement précisé sur le terrain, puisque les arbres du bois d'Ailly cachent la tranchée allemande à atteindre. Il faut exciter l'élan de ce bataillon, car s'il ne gagne pas suffisamment de terrain vers le nord, l'attaque face à l'est sera prise en flanc et avortera.

L'artillerie ouvrira la voie à tous, au 2e bataillon du 172e notamment, en allongeant son tir à la vitesse probable des attaques; ensuite elle formera barrage en avant de la tranchée allemande, pour faciliter la résistance des unités que le commandant y aura placées.

Le 172e a connu le secteur jadis; dans les journées des 18 et

19 mai, de la crête du bois Mullot, d'où on découvre la croupe de la Maison Blanche, les cadres étudieront leur mission. Le colonel Duchet, du 56e, fournira des guides, et assistera le colonel Gastinel dans la direction des diverses unités; de la Maison Blanche, il interviendra avec quelques compagnies du 56e, là où les événements l'indiqueront.

Ces arrangements, pris en conférence, près de la crête du bois Mullot, donnent lieu à un ordre écrit, contenant les indications d'ensemble, le général Blazer, commandant du secteur, réglera le détail de l'entrée en ligne et des opérations.

Le temps presse, les nouveaux arrivants ne voient la région que de jour.

Le terrain, nouvellement reconquis, n'est pas nettement partagé; les anciennes tranchées françaises se distinguent mal des nouvelles; de plus, au milieu d'elles, s'enchevêtrent les tranchées allemandes des jours précédents. Les anciens boyaux de communication sont à demi bouleversés, et on n'a pas eu le temps ni les moyens matériels de les remettre en état. Il n'y a nulle part, bien entendu, de plaques indicatrices pour permettre de savoir où on est, ni où on va; l'organisation minutieuse d'un secteur réclame du temps et surtout du calme, or, le 8e corps, depuis la malheureuse affaire du 4 mai, avait vécu dans la fièvre d'une situation instable, et toujours au combat.

Au printemps de 1916, le touriste qui se promènera dans la région française de la forêt d'Apremont, poussera des cris d'approbation à l'examen de l'organisation du secteur du 8e corps. Il y remarquera les boyaux d'aller, les boyaux de retour; des tranchées bien nettes, avec le sol couvert de rondins qui garantissent le piéton de la boue et de l'humidité. Il verra, un peu partout, des chambres souterraines : ici, c'est le magasin d'habillement du régiment; à côté c'est la salle de musique du 134e, où l'on joue la *Marseillaise* au nez des Boches qui expriment leur rage par un bombardement sans effet possible; partout, il y a des abris confortables où la cuisine est tenue chaude. Enfin, ô miracle, le colonel Crosson-Duplessis, commandant le génie du 8e corps, a installé à Marbotte, avec l'aide du service médical, un vaste réservoir que remplit une machine élévatoire; dans ce réservoir l'eau est filtrée, aseptisée, rendue plus saine et meilleure que ce qu'on boit en ville; puis elle est refoulée sur la hauteur de la Croix-Saint-Jean, d'où elle est distribuée par canalisation souvent souterraine dans le secteur. Au ravin du bois Mullot, existent alors des bornes fontaines; il n'y a qu'à tourner le robinet pour avoir à profusion de l'eau saine et bonne. On use de ces bornes-fontaines avec excès peut-être, car le colonel du génie a calculé qu'on dépense 75 litres d'eau par homme et par jour, alors qu'on n'en consommait que 3 litres quand c'était la corvée d'eau qui fonctionnait; il craint, le colonel, que la source d'eau vienne à tarir; alors il faudrait abandonner le secteur qui serait devenu le secteur de la Soif.

Mais ce qu'on est parvenu à faire avec le calme et le temps ne pouvait être demandé, le 19 mai 1915, dans un sous-secteur entièrement bouleversé par les va-et-vient des lignes de combat des jours précédents.

Aussi, les nouveaux arrivants, qui contemplaient de la crête du bois Mullot la région qui allait être celle de l'attaque, font-ils entendre « des voix blanches, mal assurées », selon l'expression du commandant d'André; et il n'y a pas que le chef du 2e bataillon du 172e à le remarquer. Le général Blazer est encore tout ému de ce qu'il a vu le 4 mai; son tempérament ardent aidant, il parle fort; il demande le plus pour avoir le moins, il pousse le commandant d'André à bourrer carrément en avant, le plus loin possible. D'André était de ceux qu'on ne pousse pas, mais qu'il faut, au contraire, enrêner fortement. Le coup de fouet du commandant de la 15e division lui fera prendre le galop et fournir une course dont la possibilité n'avait pas été envisagée.

Décidément, le Destin obligeait le commandant d'André à prendre la tête de son bataillon et à briser tous les obstacles qui barreraient sa route.

Le 19 mai, pendant la nuit, le 2e bataillon du 172e dépasse Mécrin, vers le nord, il franchit la crête du bois Mullot, en colonne double, avec les unités fortement espacées (compagnies impaires à gauche, la 7e en tête) et redescend dans le ravin qui va vers Brasseitte. Conduit par des guides du 56e d'infanterie, il passe par le cimetière du 56e et arrive dans la région de la Maison Blanche, où le colonel Duchet case les uns et les autres, de son mieux, dans ce qui existe de tranchées.

A 22 heures, le bataillon est en place, le 19 au soir. Le 20, à 2 heures du matin, l'attaque sera déclenchée.

On cherche à voir en avant, on n'aperçoit dans la demi-obscurité que des cadavres, cadavres du 8e et du 73e français, cadavres du 65e allemand et d'autres unités ; dans les tranchées, on sent le cadavre, partout sortent de terre des bras, des jambes, l'odeur est insupportable. C'est dans une telle ambiance que se prennent les dispositions de détail, que se choisissent les objectifs, que se recherchent les directions, que se lancent les patrouilles. Le milieu est démoralisant, les chefs s'en rendent compte ; aussi comprennent-ils qu'ils ont le devoir de se faire entraîneurs. La journée a été chaude, la nuit est lourde, on a soif dans ce terrain desséché, on commence à donner l'accolade aux bidons que le commandement avait eu soin de faire remplir.

Les obus font rage, les fusées illuminent le ciel, l'alerte est partout, la préparation de l'attaque est intense. Les Français veulent que les adversaires terrorisés se calfeutrent dans leurs abris et désertent les tranchées qu'on cherchera à leur prendre. Les Allemands essaient de semer la peur dans les troupes d'attaque.

« 2 heures du matin », disent toutes les montres ; les attaques partent.

Les tranchées allemandes sont enlevées, le ravin du bois Mullot est à nous ; la Vaux-Féry voit notre avancée. Peut-être avait-on espéré davantage, mais le succès est marqué ; du côté du bois d'Ailly nous avons gagné nos 300 mètres de terrain ; le colonel Duchet téléphone au général Blazer que nous sommes maîtres des points T, T', T″, qui avaient été signalés comme devant être atteints. Mais bientôt, le colonel du 56e déclare que ces points sont intenables, qu'on y éprouve de lourdes pertes, qu'une contre-attaque nous fera tout reperdre et occasionnera de nombreux morts et blessés.

Le général Blazer ne veut pas en démordre, ce qu'on a on le gardera. Le colonel Duchet, traînant avec lui un appareil téléphonique, rampe vers ces points T. T'. T″, il renouvelle sa demande. Le commandant du corps d'armée est auprès du général Blazer ; il entend celui-ci faire des reproches au colonel du

56e; il est mis au courant de la situation; il se range à l'avis du colonel Duchet qui, étant « sur les lieux, peut mieux juger de la situation ».

— « Donnez-m'en l'ordre écrit », dit le général Blazer au général Cordonnier.

— « Voilà l'ordre que vous me demandez », répond celui-ci.

Mais, il est tenace le commandant de la 15e division; aussi, malgré le papier qu'il a soigneusement mis dans sa poche, il maintient ses ordres de conserver les fameux T, T′ et T″.

Qu'est-ce donc que T, T′ et T″ ? Oh! presque rien, une petite butte, dépassant d'environ 50 centimètres le terrain d'à côté.

C'est Blazer qui a eu le dernier mot, pendant quelques semaines; c'est Duchet qui l'a eu ensuite. Ou plutôt, aucun des deux ne l'a eu, car les obus et les minenwerfer en ont fait un *no man's land;* nous ne l'avons pas toujours habité, mais nous en avons interdit la possession à l'ennemi, après en avoir fait mention dans notre bulletin de victoire.

Car ce fut une victoire que ce combat du 20 mai; cette victoire rétablissait nettement notre assiette dans le secteur.

Nous ramenions 200 prisonniers, un grand nombre d'ennemis blessés et nous enterrions bien des cadavres d'Allemands.

Mais aucune nouvelle ne venait du commandant d'André et de la 7e compagnie du 172e, dont la moitié de l'effectif environ avait disparu.

Le 21 mai, on croit entendre, de la Maison Blanche, une fusillade vers le sommet du bois d'Ailly; du haut d'un observatoire voisin de la Croix-Saint-Jean, observatoire du Décapité, on perçoit les lueurs de coups de fusil qui partent et de grenades qui éclatent.

Est-ce que ce sont nos disparus qu'on assassine ou qui essaient d'échapper des mains de ceux qui les ont fait prisonniers ? Les Allemands, Bavarois et soldats de la Garde, qui sont entre nos mains, se jettent des regards de haine. Les Bavarois se rient de la morgue d'un jeune sous-lieutenant de la Garde qui se trouve mêlé dans leurs rangs. Ils nous disent que la Bavière en a assez d'être dominée par la Prusse, et que ce que nous avons entendu, dans les lignes allemandes, est peut-être une révolte ou des mutins qu'on fusille.

Général Cordonnier. — *La Tranchée de la Soif.*

CROQUIS N° 2

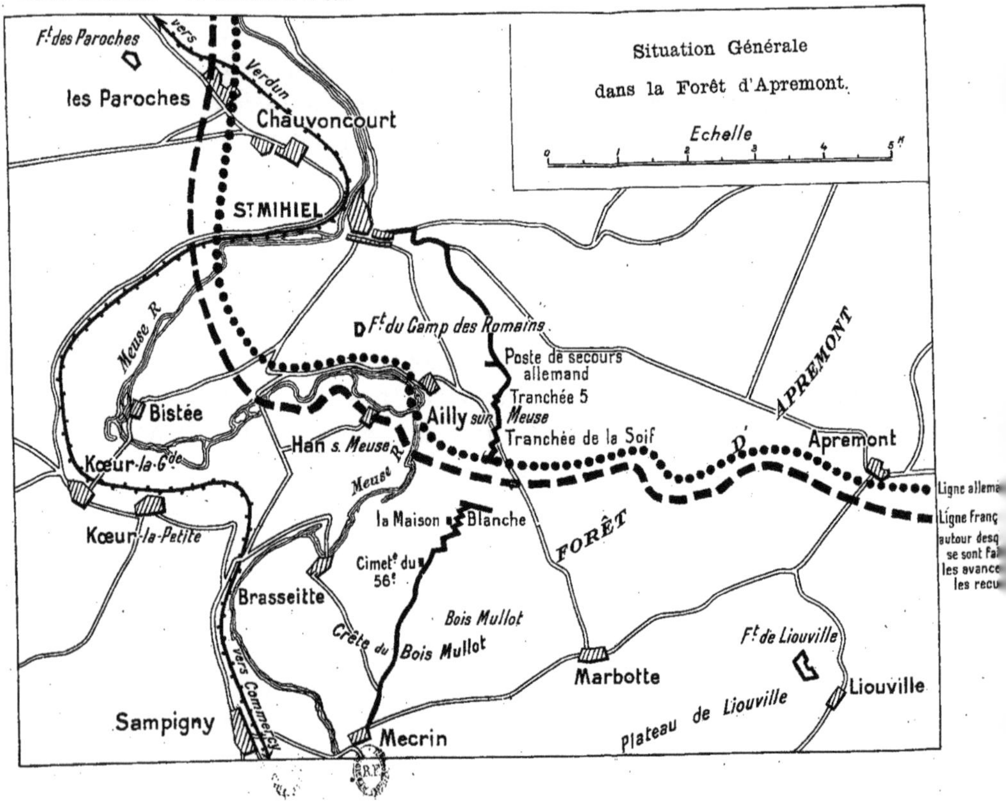
Situation Générale
dans la Forêt d'Apremont.
Echelle
0 1 2 3 4 5 K
Ft des Paroches
les Paroches
vers Verdun
Chauvoncourt
St MIHIEL
Meuse R
Ft du Camp des Romains
Poste de secours allemand
Tranchée 5
Bistée
Ailly sur Meuse
Tranchée de la Soif
Han s. Meuse
Meuse R
Kœur-la-Gde
Kœur-la-Petite
la Maison Blanche
Cimete du 56e
Brasseitte
Bois Mullot
Crête du Bois Mullot
vers Commercy
Sampigny
Mecrin
Marbotte
FORÊT D'APREMONT
Apremont
Ft de Liouville
Liouville
Plateau de Liouville
Ligne allema
Ligne Franç
autour desq
se sont fai
les avance
les recu

Que faire ? On enverrait bien quelques coups de canon dans le cercle des querelleurs, mais on ne sait pas, au juste, si ce ne sont pas des nôtres qui cherchent à s'échapper.

Quant à admettre qu'il y a là un groupe de héros, combattant pour conserver un terrain qu'ils ont conquis, nul n'y songe, nul ne pouvait y croire. Le général Blazer, qui a mis plusieurs mois pour enlever à l'ennemi la moitié de ce que la 7e compagnie du 172e a pris en une nuit, serait le dernier à supposer que ce sont des Français que les Allemands assiègent à la corne nord-ouest du bois d'Ailly.

Aussi, le commandant d'André, le capitaine Coviaux, le lieutenant Boyer-Ressès et les 70 hommes qui combattent sous leurs ordres, sont-ils portés au nombre des disparus.

V

LA TRANCHÉE DE LA SOIF

Le 25 mai 1915, le commandant Boyer-Ressès, qui commande aujourd'hui une brigade sur la Sarre, écrit à son ancien chef d'Alsace pour lui demander ce qu'est devenu son fils.

Le général commandant le 8e corps d'armée lui répond de Commercy, le 27 :

Mon cher Ami,

[Une attaque faite avec des héros, le front allemand crevé, des vaillants parmi les vaillants poussent droit devant eux, ne regardant pas si on les suit.

Un chef que rien n'arrête et qui, dans sa bravoure de soldat, oublie qu'il n'a ordre de pousser que jusqu'à un point déterminé.

Beaucoup tombent, un grand succès s'affirme, les prisonniers allemands affluent, plusieurs tranchées sont prises.

Mais ceux qui ont été le plus loin ne reviennent pas; l'artillerie demeure muette de peur de frapper les siens partis à l'aventure.

Le jeune Rouquerol revient sérieusement blessé, votre glorieux fils n'est pas revenu. Il suivait de près le commandant d'André qu'emportait son bouillant courage, il a suivi le sort de son commandant.

Disparus l'un et l'autre. Peut-être blessés tous les deux dans les lignes allemandes.

Je fais appel à tout votre courage de soldat. Il faut que, chez vous, le soldat console le père.

Le 20 mai fut une victoire pour nos armes.

Je vous embrasse bien affectueusement.

Général CORDONNIER,
Commandant du 8e Corps d'armée.

Le commandant du corps d'armée s'incline, le 27 mai, avec émotion devant la bravoure du commandant d'André, mais on sent le reproche qui vient presque au bout de la plume. Il ne connaît que les instructions écrites données, par son ordre ou sous son approbation; il ne sait pas que le commandant de la division s'est cru obligé d'être plus exigeant dans ses ordres verbaux.

Les blessés interrogés vantent la bravoure résolue du commandant d'André, qui ne leur est apparu que comme un merveilleux entraîneur; d'autres disent bien qu'ils n'ont pas entendu parler d'une limite dans l'offensive ordonnée.

On comprend que si d'André n'a pas été suivi, c'est parce qu'un barrage d'artillerie allemand a fait brèche entre la 7e compagnie qui menait le train et la 5e qui allait suivre.

Quand, le 8 juin, le 172e quitte le corps d'armée, on ne sait rien encore des chers disparus. Le général Cordonnier écrit au lieutenant-colonel Gastinel :

Mon cher Camarade,

Je ne voudrais pas laisser partir le 172e sans aller le remercier de la part de gloire qu'il a fait acquérir à nos armes dans le secteur du 8e corps d'armée.

Veuillez donc, par un mot, me dire : « Mon général, nous vous attendrons à tel endroit, demain 9 juin, à telle heure. »

Je ne vous prendrai que peu de minutes, juste le temps de serrer la main à vos officiers, de faire mes amitiés à vos hommes et de m'incliner devant votre glorieux Drapeau.

A vous, bien affectueusement.

Général CORDONNIER.

Le 9 juin, en baisant le drapeau du 172e, le commandant du 8e corps pensait donner l'accolade aux héros morts au champ d'honneur, dans le dernier glorieux combat; parmi les morts il comptait le chef de bataillon et le lieutenant.

A ce moment même, le commandant d'André, prisonnier à Ingolstadt, faisait parvenir de ses nouvelles; les autres héros de la Tranchée de la Soif, prisonniers également, donnaient signe de vie.

On put connaître et reconstituer le glorieux drame.

Le commandant d'André est, le 20 mai 1915, à 2 heures du matin, dans de mauvaises tranchées, à 20 ou 30 mètres à peine, au nord-est de la Maison Blanche. Auprès de lui est le capitaine Coviaux, de la 7e compagnie. L'artillerie, postée au nord et au sud de la route de Mécrin à Marbotte, arrose copieusement le terrain des attaques.

La 7e compagnie saute sur le parapet et, aussi rapidement que possible, elle traverse la zone découverte qui sépare la Maison Blanche de la lisière sud du bois d'Ailly.

L'ennemi a été surpris, la 7e compagnie n'éprouve pas beaucoup de résistance et, soit que l'artillerie française ait fait chez les Allemands de nombreux vides, soit que l'ennemi, ayant escompté une durée de bombardement plus grande, se soit retiré des endroits bombardés pour gagner des abris voisins, les hommes, que conduit en personne le chef de bataillon, parviennent sans beaucoup de pertes dans la première tranchée allemande.

On s'y bat quelque temps à la baïonnette, des renforts continuent à marcher sur les traces de la 7e compagnie, pendant que les 4e et 6e compagnies attaquent face à l'est sur la Vaux-Féry.

Le commandant, enlevant son monde, pousse plus avant dans le bois, toujours précédé de la vague de projectiles d'artillerie. Mais c'est en se battant qu'on progresse, aussi les effectifs fondent-ils rapidement. Ensuite, l'artillerie ennemie déclenche ses barrages sur le terrain découvert qui sépare la Maison Blanche de la pointe du bois d'Ailly; beaucoup des nôtres tombent, il y a arrêt dans l'afflux de l'arrière à l'avant de la 5e compagnie.

D'autre part, l'attaque face à l'est est lancée. Parfaitement protégée par l'offensive du commandant d'André, qui a balayé de tout Allemand la tranchée d'où notre ligne d'attaque risquait d'être prise d'écharpe, cette attaque réussit et entraîne dans son sillage la plupart des fractions du 2e bataillon qui trouvent barrée la route vers le nord.

Le commandant d'André avait accompli la plus importante, la principale de ses missions, puisqu'il avait assuré la liberté de manœuvre des unités qui avaient à débarrasser d'ennemis le ravin du bois Mullot et la partie ouest de la Vaux-Féry. Il continuait à la remplir en attaquant les réserves allemandes concentrées dans le bois d'Ailly.

Après une deuxième tranchée, la 7e compagnie en enlève une troisième, puis une quatrième et enfin elle arrive à la corne nord-ouest du bois d'Ailly, où il y a une tranchée presque vide d'ennemis, c'est la cinquième.

A cette tranchée aboutit un boyau de communication, bétonné, large, possédant de nombreux abris-cavernes où l'on accède par des escaliers de briques.

Ce boyau prend son origine à Saint-Mihiel, c'est le chemin des Réserves allemandes.

Si, derrière la 7e compagnie, il y avait eu tout un régiment d'infanterie, avec de nombreuses mitrailleuses et une artillerie légère prête à venir apporter son appui à l'infanterie, on aurait pu concevoir de grands espoirs. A la condition toutefois de pouvoir élargir la zone de manœuvre vers l'est jusqu'au ravin de la Source et à la Tête-à-Vache.

Si le commandant d'André n'avait pas été un nouveau venu dans le secteur, il aurait compris combien il était en l'air, combien sa position était précaire ; il aurait peut-être reflué vers l'arrière, dès qu'il se serait reconnu si loin dans la zone allemande ; il paraît que parmi ses compagnons d'héroïsme plusieurs le lui ont conseillé ?

Mais, trois jours auparavant, ses pensées étaient encore sur l'Ourcq, ou vers ses voisins d'hôpital, ou vers la Haute-Alsace où son poste avait été fixé par le ministre.

En quelque vingt-quatre heures, après avoir ouvert une brèche dans le front allemand, il était en vue de Saint-Mihiel, captive au fond de cette malencontreuse hernie que tout le monde, en France, parlait de résoudre.

Il monte sur le parapet, déploie sa carte, lit le terrain et comprend qu'il est maître d'un des objectifs stratégiques les plus importants de la hernie. « J'y suis, j'y reste », se dit-il. Il demeure sur le terrain conquis, et envoie une note à l'arrière pour faire connaître sa position et sa résolution de tenir. Les hommes de liaison sont tués ou pris; le cercle se ferme entre le groupe que commande d'André et le gros de la 15e division. Les Allemands sont frappés de stupeur à la nouvelle que des Français sont maîtres du débouché du boyau de communication de Saint-Mihiel; la Garde allemande accourt.

Le 20 mai, au matin, l'opération paraît terminée; on bataille encore à la Vaux-Féry, pour des mètres à gagner ou qu'on ne veut pas perdre. Le colonel Duchet, on l'a vu plus haut, craint même que la conservation de la petite butte T, T', T", à l'orée du bois d'Ailly, coûte plus cher à conserver que cela ne vaut.

Tout ce qui a pu prendre part à la bataille a donné; il n'y a plus personne pour mener une attaque; ce qu'on peut faire et ce qu'on fait, consiste à organiser le terrain conquis et à s'y maintenir. Peut-être l'ennemi, qui est dans le bois d'Ailly, ou qui y afflue, réussirait-il à nous enlever T, T' et T", pour pousser ensuite vers la Maison Blanche, si une troupe fraîche allemande arrivait pour lui donner de l'élan. Or, cette troupe fraîche existe, elle est composée d'unités de la Garde prussienne.

Mais, pour le haut commandement allemand, tout disparaît devant une préoccupation capitale : Maison Blanche, bois Mullot, Vaux-Féry, qu'est cela, quand Saint-Mihiel est menacé ?

C'est contre les forces françaises, qu'on sait être à l'extrémité du boyau de communication de Saint-Mihiel, qu'il faut agir. Quel est l'effectif de ces forces? on l'ignore, puisque le bois cache ce qu'il peut y avoir de réserves derrière la ligne de combat qu'on voit.

Aussi, grâce au commandant d'André et à ses compagnons, l'ennemi n'a pas la faculté de réagir sur le terrain de ses insuccès; tant que la Tranchée de la Soif tiendra, on pourra travailler dans la région de la Maison Blanche, de T. T'. T", du ravin du bois Mullot, dans les bois de la Vaux-Féry, à l'organisation des positions conquises. D'André a bien fait de ne pas suivre les conseils de ceux qui parlaient de rétrograder vers la Maison Blanche.

Merci à vous, d'André, et à vous de la 7e compagnie, pour le répit que vous avez donné à vos camarades. Le répit sera si bien utilisé, que, désormais, nul Allemand ne reprendra ce qui a été gagné le 20 mai. Ce qui aurait pu paraître une faute ; disons le mot : « ce qui avait paru être une faute » est devenu la meilleure manœuvre à exécuter. Pour protéger notre nouvelle conquête, on ne pouvait mieux faire qu'occuper ailleurs les réserves ennemies. C'est contre la Tranchée de la Soif que l'ennemi usa ses disponibilités.

Le commandant d'André a disposé sa faible troupe, environ 80 à 90 hommes, en profondeur et en largeur. Il tient la cinquième tranchée qui a des vues sur Saint-Mihiel, mais il occupe aussi en arrière la quatrième tranchée, celle qui sera la Tranchée de la Soif.

Pendant la matinée du 20, des troupes de la Garde attaquent avec rage la cinquième tranchée. Nos hommes y ont trouvé des grenades allemandes, ils se défendent avec, en même temps qu'à coups de fusil. La lutte est sévère ; les Allemands qui se présentent en forts groupes éprouvent de lourdes pertes.

Cependant, la tranchée 5 va céder, le commandant s'en rend compte, et décide de l'évacuer. Un groupe fera le coup de feu pendant que les autres se replieront sur la tranchée 4.

C'est l'adjudant Cuenot, nommé depuis officier, et décoré, qui se replie le dernier.

C'est l'adjudant Bosc qui ne le précède que fort peu ; il fut nommé sous-lieutenant pendant sa captivité.

Le sergent Plain, en se repliant, est grièvement blessé ; deux hommes essayent de le relever, ils tombent sous les balles ennemies. Alors le commandant franchit le parapet de la Tranchée de la Soif, dont il vient d'organiser la défense, et prend le sergent dans ses bras ; deux hommes accourent, s'emparent du sergent. A ce moment, d'André se prend les pieds dans les fils de fer, trébuche et tombe ; pendant qu'il est à terre passe une rafale qui tue le sergent et ses porteurs.

Les pertes pèsent déjà lourdement sur le détachement ; les sous-lieutenants Canet et Aujogue ont été grièvement blessés, et le capitaine Coviaux en sautant dans la tranchée s'est fait une entorse qui le paralyse, en attendant qu'une grenade allemande lui fasse une grave blessure. Avec le commandant, il n'y a plus, comme officier ingambe, que le lieutenant Boyer-Ressès. Mais il est de bonne trempe et aussi de bonne race, à rendre jaloux le papa, si orgueilleux cependant de son bras laissé sur le champ de bataille. C'est lui, Boyer-Ressès, qui ramasse les grenades allemandes, qui enseigne à une équipe à s'en servir; il se fait ainsi lieutenant de grenadiers. Son arrière-grand-père, le général baron Boyer du premier Empire, a dû s'écrier de là-haut où séjournent les braves : « Bravo, mon fiston, je n'ai pas fait mieux. »

Dans cette journée du 20, tous les moyens de défense sont concentrés dans la Tranchée de la Soif : un commandant, un capitaine, un lieutenant et 70 sous-officiers et soldats, dont beaucoup sont blessés. On se sait entourés d'ennemis, mais nul ne parle de se rendre; on luttera jusqu'à l'arrivée des secours ou jusqu'au dernier homme.

Les Allemands offrent de parlementer le 20; ils essuient un refus, et reprennent l'attaque. Le 21, la lutte continue, le soir un violent assaut est donné par la Garde, l'assaut est repoussé. Les morts et les blessés s'entassent; la nuit du 21 au 22 retentit des lamentations des blessés allemands qui gisent parmi les morts dans la zone qui sépare les combattants, et où ils ne peuvent être ni enlevés ni secourus.

Le 22, nouvelle attaque allemande, repoussée à coups de fusil, car le lieutenant Boyer-Ressès et ses grenadiers ont à peu près entièrement épuisé le stock de grenades allemandes qu'ils avaient trouvé dans la tranchée.

Les musettes sont délestées depuis longtemps des quelques vivres qu'elles avaient contenu le 19, au soir. Les bidons, fortement entamés déjà avant le départ pour l'attaque, sont vides depuis le 20, dans la matinée. Nos héros ont faim, ils ont soif surtout; quand c'est le blessé qui a soif, ses souffrances sont terribles, il fait pitié à ses voisins, il les démoraliserait par ses plaintes, si ses voisins n'étaient pas les héros de la Tranchée de la Soif.

La chaleur est suffocante, la terre sous les projectiles vole en poussière sèche, la soif produit les plus dures souffrances. On ne sait comment se rafraîchir les lèvres, on suce les cartouches, on s'appuie le front brûlant de fièvre sur l'acier de la plaque de couche du fusil, on va de temps en temps passer quelques minutes dans les abris sous le parapet pour y chercher de l'ombre, mais la poussière sèche en fait sortir plus épuisé qu'en y entrant. « A boire », disent les blessés; « à boire », crient les mourants; « à boire » est le mot qui sort de toutes les lèvres. Alors, un homme s'avise de recueillir son urine dans son bidon, il la boit; son exemple est suivi par les autres.

Et la bataille continue; on tue, on souffre, on meurt.

Le 22 mai, à 16 heures, il y a près de trois jours qu'on est sans vivres, sans boisson, sans contact avec les amis. Les chances d'être secourus ne paraissent plus probables et on est presque au bout de ses efforts. Demeurer dans la Tranchée de la Soif, c'est se vouer à la mort ou tomber aux mains de l'ennemi. Il semble bien au chef que tous les devoirs sont accomplis; la citadelle pourra être abandonnée.

D'André décide qu'à la nuit, à 20 heures, les survivants de la Tranchée de la Soif sortiront de leur tranchée et, à la baïonnette, s'ouvriront, à travers les rangs ennemis, un passage vers la Maison Blanche. S'il en réchappe un, il rendra compte de la glorieuse mort des autres.

A 18 heures, le capitaine Coviaux s'écrie :

— « Oh, mon commandant, ils se rendent ! »

Une attaque brutale menée par les troupes de choc de la Garde, venait de se produire; la résistance était difficile, tant il y avait de fatigue, d'épuisement chez les défenseurs. La Tranchée de la Soif avait plus de 100 mètres; elle était en zigzag, c'est-à-dire comme compartimentée, aussi la fermeté du chef ne pouvait se communiquer d'un bout à l'autre par la vue.

C'est par des déplacements continuels que d'André allait soutenir le moral d'hommes que la fièvre tenaillait et qui avaient sous les yeux un spectacle d'épouvante.

Dans la partie ouest de la Tranchée de la Soif, que les bombardements incessants avaient bouleversée, il y avait un cadavre de feldgrau, en complète décomposition, sur le parapet. La tranchée, en cet endroit, était à demi comblée, cinquante centimètres à peine séparaient le sol de la tête de ce cadavre qui avançait comme pour surveiller les défenseurs : « Quand je voulais aller voir mon poste d'écoute de l'ouest, j'étais obligé, à un moment donné, quoique en rampant, de frôler ce cadavre, au point que ma figure touchait presque la sienne; les grosses mouches qui tourbillonnaient en essaim se posaient autour de moi. »

Tout l'œsophage lui sortait de la bouche et de la gorge ouverte et, sur cette proéminence affreuse, grouillaient des milliers de vers.   ·

« Aspect repoussant, odeur suffocante », raconte le commandant d'André.

Après six années écoulées depuis cette vision et des voyages autour du monde, faits, en qualité d'officier d'état-major aux côtés du général Pau, le souvenir de ce cadavre hante encore les esprits du héros de la Tranchée de la Soif.

Il ne semble pas que le Dante, dans son enfer, ait imaginé spectacle plus horrible; et Victor Hugo, dans son *Épopée du ver*, n'a rien présenté de pareil.

Le 19 mai, au soir, nos héros avaient commencé à gravir les pentes conduisant à la Maison Blanche en traversant le cimetière du 56e.

C'est dans ce cimetière que les Allemands avaient tracé, le matin du 5 mai, leurs tranchées les plus avancées. En face, les Français avaient creusé les leurs. Les deux partis avaient pioché, bêché, vécu dans les cadavres.

Les artilleries, les minenwerfer avaient broyé le sol et mis à jour, en les déchiquetant, les restes de nos morts.

A ce cimetière s'était ajouté le cimetière de surface couvert par les cadavres du 65e allemand et du 8e français. Le soleil donnant sur le tout avait rendu l'atmosphère irrespirable.

Le 172e avait été suivi par cette odeur, à la Maison Blanche, au monticule T, T', T" et dans tout le bois d'Ailly. A la tranchée de la Soif, ce fut pire encore.

Et cependant on se bat, on tue, on souffre, on meurt.

C'est dans un tel milieu que s'accomplit l'Iliade du bois d'Ailly.

Le cheval de Troie qui a permis à la Garde allemande de pénétrer dans la citadelle du bois d'Ailly a été la puanteur, la faim et surtout la soif.

— « A boire, à boire ! » crient des hommes vêtus de bleu horizon.

— « Oui, oui, beaucoup de l'eau chez les Allemands », répondent les autres.

Ceux qui ont soif se joignent à ceux qui ont de l'eau.

— « Tirez ! tirez ! », ordonne le commandant.

Quelques coups de fusil partent, amenant une violente riposte. Le sergent-fourrier Blanchet tombe frappé à mort et s'écroule ; une balle tirée presque à bout portant fait éclater la tête du soldat Mouret ; le sang couvre la figure et les vêtements du commandant d'André, ce qui fait croire à son suicide. Les Allemands sautent dans la tranchée.

— « Allez, mes braves, vous avez poussé la résistance au delà des limites de la souffrance humaine. N'oubliez pas la Tranchée de la Soif », s'écrie le commandant.

VI

APRÈS L'ILIADE, L'ODYSSÉE

———

C'en est fini de l'Iliade ; l'Odyssée commence. D'André avait un sabre, il le jette dans le charnier, quittant le dernier la Tranchée de la Soif, suivant les glorieuses épaves qui avaient été la 7e compagnie du 172e.

On passe près de l'horrible cadavre du feldgrau pour ensuite gagner la cinquième tranchée. Peu après, on atteint le poste de secours allemand et... on boit.

Le capitaine Coviaux demeure au poste de secours, où sa blessure est pansée.

Le commandant et le lieutenant Boyer-Ressès se voient enlever leur revolver ; puis, tandis que les hommes sont dirigés sur Vigneulles, les deux officiers sont conduits à Saint-Mihiel, dans la maison du commandant de Chambrun.

D'André connaissait bien cette habitation, où souvent les plus brillantes réunions avaient eu lieu ; mais ce jour-là, c'est en prisonnier, le dolman couvert du sang de ses hommes, mourant de faim et de fatigue, qu'il y entre.

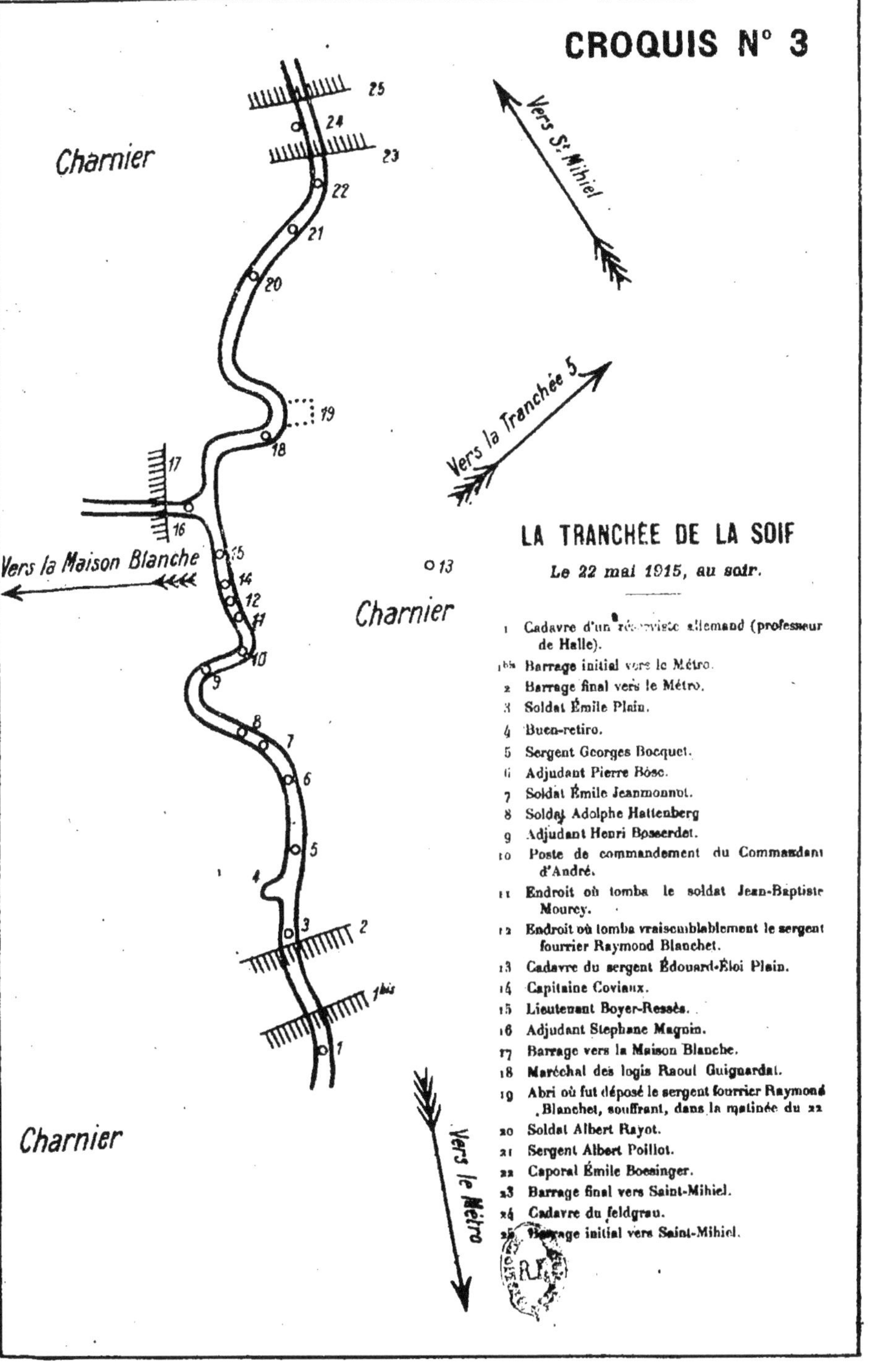
CROQUIS N° 3
Charnier
Vers St-Mihiel
Vers la Tranchée 5
Vers la Maison Blanche
Charnier
Vers le Métro
Charnier
LA TRANCHÉE DE LA SOIF
Le 22 mai 1915, au soir.
1 Cadavre d'un réserviste allemand (professeur de Halle).
1bis Barrage initial vers le Métro.
2 Barrage final vers le Métro.
3 Soldat Émile Plain.
4 Buen-retiro.
5 Sergent Georges Bocquet.
6 Adjudant Pierre Bôsc.
7 Soldat Émile Jeanmonnot.
8 Soldat Adolphe Hattenberg
9 Adjudant Henri Boscerdat.
10 Poste de commandement du Commandant d'André.
11 Endroit où tomba le soldat Jean-Baptiste Mourey.
12 Endroit où tomba vraisemblablement le sergent fourrier Raymond Blanchet.
13 Cadavre du sergent Édouard-Éloi Plain.
14 Capitaine Coviaux.
15 Lieutenant Boyer-Ressès.
16 Adjudant Stéphane Magnin.
17 Barrage vers la Maison Blanche.
18 Maréchal des logis Raoul Guignardat.
19 Abri où fut déposé le sergent fourrier Raymond Blanchet, souffrant, dans la matinée du 22.
20 Soldat Albert Rayot.
21 Sergent Albert Poillot.
22 Caporal Émile Boesinger.
23 Barrage final vers Saint-Mihiel.
24 Cadavre du feldgrau.
25 Barrage initial vers Saint-Mihiel.

Après s'être rassasiés, nos deux officiers sont conduits à la mairie de Saint-Mihiel, et placés sous la garde d'un poste de Bavarois.

Le lendemain, à Saint-Benoît-en-Woëvre, ils assistaient à la messe de la Pentecôte; le commandant de l'armée allemande les y voit et dit à d'André :

— « Vous êtes officier supérieur ? Excusez-moi de ne pas vous avoir plutôt reconnu. Vous avez été blessé deux fois et vous revenez du bois d'Ailly; vous êtes un brave. »

Le lendemain, d'André et Boyer-Ressès sont mis en chemin de fer pour Ingolstadt, où ils sont internés.

. . . .

Une série d'opérations offensives avaient été prévues pour rétablir, en forêt d'Apremont, la situation compromise par l'échec du 4 mai.

La bataille du 20, suivie du répit que nous procura la lutte à la Tranchée de la Soif, permit de regagner beaucoup de terrain et de s'y asseoir solidement. Toutes les tentatives faites les jours suivants pour nous enlever nos gains échouèrent; aussi le haut commandement prenait conscience du changement notable qui s'était opéré pendant les semaines du 10 au 25 mai.

Le 28 mai, un nouveau régiment, le 311e d'infanterie, colonel Mangematin, arrivait à Lérouville, pour accomplir une des attaques prévues précédemment; les officiers avaient étudié leur mission, l'artillerie préparait l'attaque, la troupe était sur le point de s'installer dans les tranchées de départ, quand le Grand Quartier Général envoya l'ordre de renoncer à l'attaque.

Le 311e quitta Lérouville pour une autre destination.

A partir de ce jour-là, le haut commandement estima que tout danger de voir élargir la hernie de Saint-Mihiel était écarté. Comme il y avait de grands besoins ailleurs, le commandant du 8e corps reçut l'ordre non seulement de conserver la défensive, mais d'imposer la défensive à l'ennemi. Grâce aux résultats obtenus le 20 et les jours suivants, il fut possible d'acheminer peu à peu le secteur vers le calme.

La bataille gagnée par le 172e, l'héroïsme des combattants de la Tranchée de la Soif avaient suffi pour mettre le secteur en état de remplir les intentions du haut commandement.

A la guerre, la gloire se mesure d'après la rigueur des épreuves subies. Nulle phalange de héros n'a mieux fait que la phalange qui combattit à la Tranchée de la Soif.

Ils furent longtemps méconnus les héros de la Tranchée de la Soif. Peu à peu cependant, les récompenses arrivèrent. Le chef seul est demeuré ignoré de ceux qui ont mission de signaler à la patrie les meilleurs services. L'intervention personnelle du général Pau fut nécessaire pour que d'André obtînt, pour sa conduite au bois d'Ailly, une citation à l'ordre de l'armée. La croix d'officier de la Légion d'honneur a tellement tardé à venir, que, si le libellé n'était pas là, on pourrait croire qu'elle a été la récompense de l'ancienneté des services. Enfin, d'André avait dix années de chef de bataillon quand, en 1920, il fut mis à la retraite avec son grade d'avant-guerre.

C'est moi, sans aucun doute, le coupable.

J'aurais dû écrire plus tôt ce récit. Mais faire de l'histoire réclame la recherche d'une documentation minutieuse; je mis bien du temps à tout connaître; ensuite, c'est la santé qui m'a manqué.

En saluant respectueusement les héros de la Tranchée de la Soif, je leur demande d'excuser les retards et les imperfections de ce travail.

Général CORDONNIER.

APPENDICE I

———

*État des pertes du 172ᵉ régiment d'infanterie
au cours de l'attaque du bois d'Ailly, lancée par le 2ᵉ bataillon,
les 20, 21 et 22 mai 1915.*

———

I — ÉTAT NOMINATIF DES MILITAIRES TUÉS

Adolphe (Louis).	2ᵉ classe	1ʳᵉ compagnie
Biechel (Auguste-Charles)	—	7ᵉ —
Blanchet (Raymond-Paul)	s. fourr.	7ᵉ —
Bodin (Eugène)	adjudant	13ᵉ —
Breton (Charles)	sergent	13ᵉ —
Canonieu (Armand).	2ᵉ classe	13ᵉ —
Couchot (Gustave) (1)	sergent	6ᵉ —
Dabert (Pierre)	2ᵉ classe	1ʳᵉ —
Daessle (François).	sergent	7ᵉ —
Dubourgnoux (Pierre)	caporal	8ᵉ —
Épèche (Marius).	2ᵉ classe	1ʳᵉ —
Gebrath (Georges-Marcel) (1)	sergent	7ᵉ —
Goux (Henri-Marcel) (1).	2ᵉ classe	7ᵉ —
Grégoire (Marcel).	—	1ʳᵉ —
Hernicot (Gustave-Armand) (1)	sergent	6ᵉ —
Klauder (François)	2ᵉ classe	6ᵉ —
Lancon (Lucien).	—	8ᵉ —
Laurency (Élie) (2).	—	6ᵉ —
Magnin (Henri)	—	13ᵉ —
Maire (Auguste).	sergent	1ʳᵉ —
Mayoud (François).	2ᵉ classe	1ʳᵉ —
Mourey (Jean-Baptiste).	—	7ᵉ —
Ohnimus (Marcel-Louis).	adjudant	8ᵉ —
Parguey (Marie-Louis) (1).	s.-lieut.	8ᵉ —
Perrot (François).	2ᵉ classe	1ʳᵉ —
Plain (Édouard-Éloi) (1)	sergent	7ᵉ —
Rapine (Émile)	2ᵉ classe	8ᵉ —
Riss (Eugène).	—	13ᵉ —
Schmidt (Charles-Stanislas-Victorin) (3)	—	5ᵉ —
Tournier (Charles).	—	13ᵉ —

(1) Tué le 20 mai 1915.
(2) Mort à Commercy, le 24 mai 1915, des suites de ses blessures.
(3) Tué dans la tranchée au nord de la *Tranchée de la Soif.*

Tourreix (Hippolyte-Pierre) (1)	2e classe	6e compagnie
Trouillot (Aimé-Camille) (1)	—	7e —
Verguet (Jules-Marie-Joseph) (1).	s.-lieut.	8e —
Véron (Alfred) (1).	2e classe	6e —

II — ÉTAT NOMINATIF DES MILITAIRES DISPARUS

Allain (David-Charles).	caporal	5e compagnie
Barthelet (René-Émile)	1re classe	5e —
Bideaux (Joseph-Édouard)	caporal	5e —
Boeuf (Édouard-Alexis-Joseph)	2e classe	6e —
Bonnas (Claude).	—	7e —
Bourdon (Joseph-Stéphane).	—	5e —
Bouteillier (Henri-Auguste).	—	6e —
Boyaval (Paul-Charles-Henri).	caporal	6e —
Chabrillat (Albert-Antoine).	2e classe	7e —
Chardonnet (François).	—	5e —
Collange (Antoine).	—	5e —
Courgey (Louis-Marie).	—	6e —
Daval (Paul-Raymond-Nestor)	—	6e —
Delmas (Jean-Baptiste-Paul-Marius)	—	5e —
Esoudier (Marcel-Joseph).	—	7e —
Eyraud (Paul-Émile).	—	7e —
Faivre-Rampant (François-Henri)	—	5e —
Fallot (Eugène-Paul)	—	6e —
Farcier (Henri-Gaston).	—	6e —
Faure (Louis).	—	5e —
Faure (Marius-Henri).	—	5e —
Fontanaud (Philippe-Jean)	—	5e —
Frachisse (Adrien-Baptiste-Élie).	—	5e —
Fredière (Joannès-Guillaume-Jouanny). . . .	—	7e —
Fretant (Gabriel-Adrien-Antoine).	—	6e —
Froidevaux (Armand)	—	5e —
Fromentoux (Joseph-Célestin).	—	7e —
Gaillard (Henri).	—	5e —
Galland (Marcelin-Émile).	—	7e —
Giat (François)	—	8e —
Giry (Louis, dit Gilbert)	—	7e —
Gouvernayre (Jean-Marie)	—	7e —
Guigon (Émile-Marie-Joseph)	sergent	5e —
Jacquier (Claude-Irénée-Eugène).	2e classe	6e —
Jantet (Alexis)	—	6e —
Jourdin (Justin-Joseph).	—	7e —
Lafarge (Léonard).	—	7e —

(1) Tué le 20 mai 1915.

LAMBOLEY (Louis-Octave-Henri)	2e classe	6e compagnie
LATOUR DE LAROCHETTE (Pierre-Eugène-Antoine)	—	6e —
LETONDELLE (Joseph-Félicien)	1re classe	5e —
LOMBARD (Jean-Louis)	—	6e —
MAILLET (Frédéric-Louis)	2e classe	6e —
MARIONNELLE (Joseph-Justin)	—	8e —
MARTIN (Henri-Marie)	—	6e —
PAPIN (Georges-Edmond)	—	5e —
PERGAUD (Charles-Élie-Aimable)	—	7e —
PERNET (Auguste-Albert)	—	6e —
PETIGIRARD (Henri-Lucien)	—	6e —
PINATON (Claude)	—	6e —
PIQUARD (Jules-Joseph)	—	5e —
PIVOT (Claude-Marie-Étienne)	—	6e —
PONCHET (Jean-Marie)	—	7e —
PRIEUR (Charles-Clovis-Ferréol)	—	5e —
PY (Paul-Edmond)	—	5e —
RAYNARD (Jean-Pierre)	—	7e —
SAUNIER (Justin dit Raymond)	—	5e —
SCHERRER (Paul-Joseph)	caporal	6e —
SEIDEL (Auguste)	2e classe	7e —
STICH (Edmond)	—	5e —
TOLLERON (Albert-Eugène)	—	7e —
TONKEUL (Célestin-Louis)	—	6e —
TUAILLON (Henri-Marie-Louis)	1re classe	7e —
VERNEY (Henri-Joseph-Auguste-Damas)	caporal	5e —
VIARDOT (Maurice-Joseph-Georges)	2e classe	7e —
VIRON (Joseph-Émile)	—	5e —
ZRIED (Georges-Merbert)	—	6e —

III — ÉTAT NOMINATIF DES MILITAIRES
DÉCÉDÉS EN CAPTIVITÉ

			LIEU DE DÉCÈS
BESSON (Léon) (1)	2e classe	7e compagnie	Landau
BOUDOT (Hippolyte-Alfred) (2)	—	5e —	Ulm
BOUGNOL (Auguste-Jean) (3)	caporal	6e —	St-Mihiel
BRUCHON (Charles)	2e classe	6e —	Landau
CHABOZ (Henri-Marcel) (4)	—	5e —	St-Mihiel
CHAON (Adolphe)	—	5e —	Neubourg
CUENOT (Charles)	—	5e —	Landau
VERRIER (Clovis)	—	5e —	Landau

(1) Pris dans la *Tranchée de la Soif*.
(2) A l'hôpital d'Ulm, le 1er juillet 1915, des suites de ses blessures.
(3) A l'hôpital de Saint-Mihiel, le 26 mai 1915, des suites de ses blessures.
(4) Pris dans la *Tranchée de la Soif*, décédé à l'hôpital de Saint-Mihiel, le 22 mai 1915, des suites de ses blessures.

IV — ÉTAT NOMINATIF DES MILITAIRES BLESSÉS

Alix (Jules-Auguste) (1), serg., 7e Cie.
Anquenot (Marie), caporal, 5e Cie.
Antoine (Benoni), 2e classe.
Arnoux (Henri), 2e classe, 7e Cie.
Arnoux (Paul), caporal.
Aubry (Paul), 2e classe, 6e Cie.
Aujogue (Claude), sous-lieut., 7e Cie.
Bachut (Aimé), caporal, 5e Cie.
Baillet-Hoche, 2e classe.
Bainier (Georges), 2e classe, 7e Cie.
Barbeaud (Élie), caporal, 8e Cie.
Barbier (Victorin), 2e classe, 6e Cie.
Berlet (Louis), 2e classe, 6e Cie.
Bernard (Paul), sergent, 5e Cie.
Beuglet (Gaston), sergent, 6e Cie.
Bideaux (Maurice), caporal, 8 Cie.
Bize (Maurice-Louis), 2e classe, 7e Cie.
Boesinger (Émile) (2), 2e cl., 7e Cie.
Bohème (Alfred), 2e classe, 6e Cie.
Boilot (Jules), caporal, 5e Cie.
Boiteux (Henri), caporal.
Bolmont (Joseph), 2e classe.
Bomont (Léon), 2e classe.
Bonnet (Auguste), caporal, 7e Cie.
Bouilloux (Henri), 2e classe.
Bourdon (Étienne), 2e classe, 8e Cie.
Bourgy (Philibert), 2e classe, 6e Cie.
Bretagne (Albert), 2e classe, 6e Cie.
Breton (René), caporal, 7e Cie.
Brocard (Joseph), caporal, 8e Cie.
Brouchot (Jean), sous-lieut., 1er Bon.
Busemey (Louis), 2e classe, 7e Cie.
Cahaigne (Lucien), 2e classe, 6e Cie.
Canet (René), sous-lieut., 5e Cie.
Carteron (Victorin) (2), 2e cl., 7e Cie.
Cassoux (Michel), 2e classe, 6e Cie.
Caulier (Arthur), 2e classe, 8e Cie.
Cellerier (Pierre), 2e classe, 5e Cie.
Cerf (Eugène), 2e classe, 7e Cie.
Chaiffre (Pierre), 2e classe, 6e Cie.
Chapiron (André), 2e classe, 6e Cie.
Chapoutot (Louis), 2e classe.

Chatel (Louis-Marie), 2e classe.
Chevreux (Arsène), 2e classe, 5e Cie.
Clauzel (Louis-Paul), caporal, 7e Cie.
Combet (Alfred), 2e classe.
Copier (Jean), caporal.
Coquet (Barthélemy), 2e classe.
Cordier (Frédéric), 2e classe, 6e Cie.
Cour (Charles), sergent, 6e Cie.
Courtial (Jean), 2e classe, 5e Cie.
Coviaux (Ed.-Henri) (2), capit., 7e Cie.
Cuénin (Léon), 2e classe, 7e Cie.
David (Edmond), caporal, 5e Cie.
Decloux (Jean), 2e classe.
Demas (Albert), 2e classe, 8e Cie.
Depardon (Claudius), 2e cl., 6e Cie.
Deprèle (Louis), 2e classe, 6e Cie.
Devaux (Eugène), adjudant.
Devillers (Ferdinand), 2e classe.
Dijoux (Martial), 2e classe.
Dobmann (Charles), 2e classe.
Dornier (Maurice), 2e classe, 5e Cie.
Dregas (Jean), 2e classe, 6e Cie.
Dubien (François), caporal, 7e Cie.
Dubreuil (Henri), 2e classe, 8e Cie.
Dudognon (Pierre), 2e classe, 8e Cie.
Dujardin (Antoine), 2e classe, 7e Cie.
Dumont (Nicolas), 2e classe.
Dupoux (Louis), 2e classe, 7e Cie.
Dupré (Henri), 2e classe, 6e Cie.
Elhinger (David), 2e classe.
Euvrad (René), 2e classe, 5e Cie.
Faivre (Charles), 2e classe.
Faivre (Paul), caporal, 5e Cie.
Farges (Pierre), caporal.
Faure (Jacques), 2e classe, 5e Cie.
Faure (Pierre), 2e classe, 5e Cie.
Ferraton (Jean), 2e classe, 6e Cie.
Févelas (Jean), 2e classe.
Février (Joseph), sergent, 7e Cie.
Fialaire (Albert), 2e classe, 6e Cie.
Finance (Paul), 2e classe.
Flury (Charles), 2e classe.

---

(1) Tombé aux mains de l'ennemi.
(2) Pris dans la *Tranchée de la Soif.*

Foare (Jean), 2e classe, 6e Cie.
Fontaine (Amet), caporal, 6e Cie.
Forest (Claude), 2e classe, 7e Cie.
Forest (Paul), 2e classe, 5e Cie.
Fourgère (Henri), 2e classe, 7e Cie.
Fourneron (Jean-Marie), 2e cl., 8e Cie.
Gaillard (François), 2e classe, 5e Cie.
Gaillard (Pierre), 2e classe, 7e Cie.
Galand (Marcelin-Émile), 2e cl., 6e Cie.
Gallois-Garreignot (F.), lieut., 5e Cie.
Gandy (Émile), 2e classe.
Gardon (Pierre), 2e classe, 7e Cie.
Gauthier (Étienne), s. four., 8e Cie.
Giraud (Lucien), 2e classe, 7e Cie.
Goujon (Jules), caporal, 7e Cie.
Goumot (Labesse), 2e classe, 8e Cie.
Gouvred (Ernest), 2e classe, 6e Cie.
Grand Vuillemin (Désiré), 2e cl., 7e Cie.
Grenier (Alfred), sergent, 6e Cie.
Grisard (Marie), 2e classe, 7e Cie.
Gubiand (Jean), 2e classe.
Guénin (Léon) (1), 2e classe, 7e Cie.
Guigné (Benoît), 2e classe.
Guillaumot (Auguste), 2e classe.
Héraut (Georges), 2e classe, 8e Cie.
Huguet (Marcel), 2e classe.
Huot-Marchand (M.-J.) (2), 2e cl., 7e Cie.
Jacquot (Louis), 2e classe.
Janicot (Léonard), 2e classe, 5e Cie.
Javeland (Jean), 2e classe, 6e Cie.
Josy (Alfred), caporal, 8e Cie.
Juif (Albin), 2e classe, 5e Cie.
Kiger (Frédéric), sergent.
Labidoire (René), 2e classe, 5e Cie.
Lafarge (Léon), 2e classe, 7e Cie.
Lafarge (Léonard), 2e classe.
Laffly (Marius), sergent, 5e Cie.
Lamboley (Louis), 2e classe, 8e Cie.
Lambotte (Charles), 2e classe, 7e Cie.
Lapland (Jean-Baptiste), 2e cl., 6e Cie.
Laprade (Isidore), 2e classe.
Laroche (Anselme), clairon, 8e Cie.
Laurent (Jules), 2e classe, 7e Cie.
Loichot (Ulysse), 2e classe, 5e Cie.
Lombard (Léon), caporal, 5e Cie.
Lotz (Pierre), caporal four., 7e Cie.
Magnin (Jules), 2e classe, 6e Cie.
Maillot (F.-A.), serg., 7e Cie.

Maire (Maurice), sergent, 5e Cie.
Mairot (Albert), 2e classe, 5e Cie.
Mallen (Jean), 2e classe, 5e Cie.
Marchal (Félix), 2e classe.
Marchand (Edmond), s.-lieut., 1er Bon.
Marchand (Louis), tambour, 8e Cie.
Marcot (Louis), caporal.
Marsot (Jean-Baptiste), 2e cl., 6e Cie.
Martin (Ernest), 2e classe.
Martin (Pierre), 2e classe.
Masson (Alfred), 2e classe, 5e Cie.
Mazaud (Martial), 2e classe.
Megnin (Paul), 2e classe, 6e Cie.
Melot (Auguste), 2e classe.
Mesrine (Paul), 2e classe, 5e Cie.
Michelat (Léon), 2e classe.
Miehe (Charles), 2e classe, 6e Cie.
Mittler (Eugène), 2e classe, 6e Cie.
Moniotte (Jules), caporal, 5e Cie.
Monnier (A.-E.-M.-E.), sergent.
Morel (Jules), 2e classe, 7e Cie.
Mouchet (Alphonse), 2e classe.
Mourgeotte (Raphaël), 2e cl., 7e Cie.
Munsch (Louis), 2e classe, 7e Cie.
Navillat (Eugène), 2e classe, 7e Cie.
Olagnier (François), 2e classe.
Oudot (Alexis), 2e classe, 6e Cie.
Paillard (René), capitaine, 6e Cie.
Parrot (Charles), sergent, 5e Cie.
Pechin (Alfred), 2e classe, 6e Cie.
Petit (Joseph), caporal, 7e Cie.
Petit (Paul), 2e classe.
Petite (Joseph), 2e classe.
Peyrard (Claude), 2e classe, 6e Cie.
Philippe (Amédée), 2e classe, 7e Cie.
Philippon (Joseph), 2e classe.
Picard (Joannès), adjudant.
Pigot (Jules), 2e classe, 8e Cie.
Piguet (Marcel), 2e classe, 5e Cie.
Pochard (Gaston), 2e classe, 6e Cie.
Poirot (Constant), 2e classe, 8e Cie.
Pommel (Jeanton), 2e classe.
Poyer (Pierre), 2e classe.
Pretot (Julien), 2e classe, 8e Cie.
Prêtre (Lucien), sergent, 5e Cie.
Prieur (Paul), sergent, 5e Cie.
Rapin (G.-E.), 2e classe, 5e Cie.
Rayot (Jules), clairon, 8e Cie.

---

(1) Tombé aux mains de l'ennemi.
(2) Pris dans la *Tranchée de la Soif.*

RENAUD (Émile), 2e classe.
RENAUD (Georges), 2e classe, 8e Cie.
RENAUD (Henri), 2e classe.
RENAUD (Maurice), capor. four., 6e Cie.
RENDU (Ennemond) capit., 1er Bon.
RIVOIRE (Antoine), 2e classe.
ROCHAUD (Claude), 2e classe.
ROCHET (Claude), 2e classe, 6e Cie.
RONCHET (Jean-Marie), 2e classe.
RONGIER (Jean), 2e classe.
ROSSI (Jules), 2e classe, 6e Cie.
ROUQUEROL (Henri), sous-lieut., 6e Cie.
SANSEIGNE (Sébastien), 2e classe, 5e Cie.
SAUGET (Louis), 2e classe, 6e Cie.
SCHWARTZ (Léon), 2e classe, 6e Cie.
SIMONIN (Émile), serg. fourrier, 5e Cie.
SOULIER (François), 2e classe, 6e Cie.
SUBTIL (André), 2e classe.
THÉVENON (François), 2e classe.

THIEVENT (Jules), 2e classe, 5e Cie.
THOMAS (Émile), 2e classe, 5e Cie.
THOMASSEY (Joseph), 2e classe, 7e Cie.
TISSERAND (Hippolyte), 2e classe.
TOILLON (Charles), caporal, 6e Cie.
TOURNIER (Camille), caporal.
TRANCHANT (Antoine), caporal, 5e Cie.
TRARD (Louis), 2e classe, 8e Cie.
TUAILLON (Jules), sergent, 8e Cie.
VASNER (Paul), 2e classe.
VEGLY (Aristide), 2e classe, 7e Cie.
VEJUX (Lucien), 2e classe.
VINEL (Adolphe), 2e classe, 7e Cie.
VOISARD (Charles), caporal, 6e Cie.
VRENEAU (Jacques), 2e classe, 6e Cie.
VUILLEMARD (Jules), 2e classe, 6e Cie.
WACHTER (Lucien), 2e classe, 6e Cie.
WILMES (René), aspirant.

V — LISTE DES RÉCOMPENSES
DÉCERNÉES POUR L'ATTAQUE DU BOIS D'AILLY
LES 19, 20, 21 ET 22 MAI 1915 (1)

LÉGION D'HONNEUR

BOISSON (Armand)	Capitaine	BROUCHOT (Jean)	Lieut.
COVIAUX (Édouard)	—	ROUQUEROL (Henri) . . .	S.-lieut.

MÉDAILLE MILITAIRE

MARCHAL (Marie)	Adj.-chef	CHABOZ (Henri)	2e classe
BODIN (Eugène)	Adjudant	EPÈCHE (Antoine)	—
BRETON (Charles)	Sergent	FEVELAS (Jean)	—
COUCHOT (Gustave)	—	FONTANEL (François) . . .	—
GEBRATH (Georges)	—	GRÉGOIRE (Marcel)	—
PLAIN (Eloi)	—	JAMBE (Émile)	—
BOUGNOL (Jean)	Caporal	LAURENCY (Élie)	—
DUBOURGNOUX (Pierre) . .	—	MAYOUD (François)	—
GOUJON (Jules)	—	MOUREY (Jean)	—
GORGE-JOINVILLE (Henri) .	—	SCHWARTZ (Léon)	—
BOUDOT (Hippolyte) . . .	2e classe		

---

(1) Liste arrêtée au 22 mai 1920.

CROIX DE GUERRE

Citation à l'armée.

Boyer-Resses.	Lieut.
Bosc (Pierre).	S.-lieut.
Bosserdet (Henri). . . .	Adj.
Alix (Jules-Auguste). . .	Sergent
Laffly (Marius). . . .	—
Barbier (Victorin). . . .	2e classe

Citation au corps d'armée.

Bourdin (Georges). . . .	Aspirant
Magnin (Stéphane). . . .	Adj.
Simonin (Émile).	S. four.
Bocquet (Georges). . . .	Sergent
Maillot (François). . . .	—
Schmidt (Henri).	—

Citation à la division.

Faivre (Louis).	Sergent
Carteron (Victorin). . .	2e classe

Citations à l'ordre du régiment.

Geering (Philibert) . . .	S.-maj.
Choffe (Alphonse). . . .	Sergent
Daessle (François). . . .	—
Maire (Marcel).	—
Monnier (A.-É.-M.-E.). .	—
Bart (Louis-Paul). . . .	Caporal
Boesinger (Émile-Jules) .	—
Boissemin (Émile-Marie).	—
Bonnet (Auguste). . . .	—
Boutant (Georges). . . .	Caporal
Brunstein (F.-A.). . . .	—
Clauzel (Louis-Paul) . .	—
Crance (Denis).	—
Dubien (François). . . .	—
Fleury (Joseph-Cyrille) .	—
Gachon (Louis-Joseph). .	—
Gay (Eugène-Pierre). . .	—
Hattenberg (Adolphe). .	—
Huot-Marchand (M.-J.) . .	—
Jeanmonot (Émile). . . .	—
Petit (Paul)	—
Thomas (François). . . .	—
Viennet (Charles). . . .	—
Bize (Maurice-Louis). . .	2e classe
Blersemaille (Gaston). .	—
Briot (Léon).	—
Chevreux (Arsène) . . .	—
Chollet (Rodolphe). . . .	—
Denne (Louis).	—
Dumortier (Simon). . . .	—
Dupoux (Benoît).	—
Fauré (Jacques).	—
Gnigue (Benoît).	—
Grandjean (Jean)	—
Lonchampt (C.-J.-V.). . .	—
Mitller (Xavier)	—
Mouret (Jean-Baptiste). .	—
Remy (Armand).	—
Soulier (François). . . .	—
Subtil (André)	—
Thomas (François). . . .	—
Viennet (Charles). . . .	—

Reliquat des propositions pour une récompense n'ayant pas abouti.

(RAPPORT DU COMMANDANT D'ANDRÉ)

———

1º Pour la Croix de la Légion d'honneur :

OBSERVATIONS

Aujogue, sous-lieutenant.	Nommé cap. et décoré par la suite
Canet, sous-lieutenant.	Nommé lieutenant par la suite.

2° Pour la Médaille militaire :

OBSERVATIONS

CUENOT, adjudant	Nommé officier et déc. par la suite.
GUIGNARDAT, mar. des logis de dragons. .	Adjoint au chef de bataillon.
BLANCHET, sergent fourrier	Disp. dans la Tranchée de la Soif.

3° Pour la Croix de Guerre :

DE GEORGETTE DU BUISSON DE LA BOULAYE, capitaine.	Nommé chef de bataillon et décoré par la suite.
DE CASTERAS-SOURNIA, lieutenant	Nommé cap. et déc. par la suite.
CANAL, adjudant-chef	Nommé officier depuis.
POILLOT, sergent.	

VI — ÉTAT NOMINATIF DES MILITAIRES TOMBÉS AUX MAINS DE L'ENNEMI

Pendant les journées des 20, 21 et 22 mai 1915, 3 officiers et 145 sous-officiers, caporaux et soldats, tombèrent aux mains de l'ennemi. Plusieurs étaient blessés et huit d'entre eux décédèrent en captivité. La dernière fraction, qui succomba le 22 mai, à 18ʰ 30, dans la Tranchée de la Soif, comprenait :

OFFICIERS

MM. D'ANDRÉ.	Chef de bataillon.
COVIAUX.	Capitaine.
BOYER-RESSES	Lieutenant.

TROUPE

DOMICILE EN 1921

BOSSERDET (Henri), adjudant (adjoint au commandant).	Seloncourt (Doubs), adj. d'arm. au 172ᵉ rég. d'inf. (Armée française du Rhin).
MAGNIN (Stéphane), adjudant	Dannemarie (Doubs), 60ᵉ régiment d'infanterie, Besançon.
BOSC (Pierre), adjudant	Levallois-Perret (Seine).
GUIGNARDAT (Raoul), mar. des logis (adj. au commandant)	Chalon-sur-Saône (Saône-et-Loire).
ALIX (Jules-Auguste), sergent.	Lyon (Rhône).
BOCQUET (Georges), sergent.	Colombes (Seine).
POILLOT (Albert), sergent.	Paris.
BART (Louis-Paul), caporal	Seloncourt (Doubs).
BOESINGER (Émile-Jules), caporal	Graudvillars (Haut-Rhin).
BOUTAND (Georges), caporal.	Paris.

Boissemin (Émile-Marie), caporal . . . . Laval (Doubs).
Brunstein (Fernand-Auguste), caporal. . Colombes (Seine).
Fleury (Joseph-Cyrille), caporal . . . . Beaucourt (Haut-Rhin).
Gachon (Édouard), caporal. . . . . . Gray (Haute-Saône).
Gay (Eugène-Pierre), caporal. . . . . La Rode (Puy-de-Dôme).
Hattenberg (Adolphe), caporal. . . . . Neuchâtel (Suisse).
Jeanmonnot (Émile), caporal . . . . . Le Locle (Suisse).
Thomas (Marius), caporal . . . . . . Paris.
Viennet (Paul), caporal . . . . Flangebouche (Doubs).
Huot-Marchand (Albert), caporal. . . . Bretenvillers (Doubs).
Vaubeghin (Paul), caporal . . . . . . Paris.
Baverel (Gaston), soldat. . . . . . . Orchamps-Vennes (Doubs).
Besson (Léon), soldat (1) . . . . . . Belfort.
Bignand (Auguste), soldat . . . . . . Vanvilliers (Haute-Saône).
Bôle (Jules), soldat . . . . Luisans (Doubs).
Bonnet (Léonard), soldat . . . . . . Bosmie (Haute-Vienne).
Bourgoin (Eugène), soldat . . . . . . Paris.
Carteron (Victorin), soldat . . . . . Morteau (Doubs).
Chaignat (François), soldat. . . . . . Sancy-le-Grand (Doubs).
Chaboz (Henri-Marcel), soldat (2). . . . Paris.
Devaux (Charles), soldat. . . . . . . Hérimoncourt (Doubs).
Dupuy (Jules), soldat . . . . Soumans (Creuse).
Dury (Antoine), soldat. . . . . Saint - Georges - de - Roncins
                                        (Rhône).
Duvermy (Albert), soldat. . . . . . . Vaux (Ain).
Faure (Henri), soldat . . . . Macols (Ardèche).
Fierobe (Léon), soldat. . . . . Brémoncourt (Doubs).
Gaillard (Eugène), soldat . . . . . . Saint-Jean-de-Jouville (Ain).
Ligout (Pierre), soldat. . . . . St-Laurent-de-Chamaises(Rhône).
Lonchampt (Camille-Joseph-Victor), sold. Besançon (Doubs).
Magnin-Faysot (Francis), soldat . . . . Guyons-Vennes (Doubs).
Magnenet, soldat . . . . Paris
Martin (Albert), soldat . . . . Grosne (Haut-Rhin).
Martin (Émile), soldat. . . . . Besançon (Doubs).
Martin (Francis), soldat. . . . . . . La Barre (Jura).
Martin (Paul), soldat . . . . Plaimbois-du-Miroir (Doubs).
Monnier (Marcel), soldat. . . . . . . La Bretonnière (Jura).
Moissonnier (Marcel), soldat . . . . . Frasne (Doubs).
Michel (Stéphane), soldat . . . . . . Saint-Foix-l'Argentière (Rhône).
Monnot (Adolphe), soldat . . . . . . Paris.
Mougin (Émile), soldat. . . . . Pierrefontaine (Doubs).
Nadal (François), soldat. . . . . . . Besançon (Doubs).
Pequignot (Léon), soldat. . . . . . . Vaucluse (Doubs).
Perrin (Adolphe), soldat. . . . . . . St-Étienne-Remiremont (Vosges).
Plain (Émile), soldat . . . . Vaudoncourt (Doubs).
Rayot (Albert), soldat. . . . . Beaucourt (Haut-Rhin).
Richard (Émile), soldat . . . . Vounnay (Doubs).

(1) Décédé en captivité à Landau.
(2) Décédé en captivité.

DOMICILE EN 1921

RUET (Antoine), soldat	Neuville-les-Dames (Aisne).
RUEZ (Émile), soldat.	New-Bedford-Mass (Amérique du Nord).
SCHMIDT (Henri), soldat	Seloncourt (Doubs).
SCHWIMMER (Joseph), soldat.	Belfort (Haut-Rhin).
TOURNERET (Joseph), soldat.	Dompiel (Doubs).
TRAMUSET (Alexandre), soldat.	Mollans (Haute-Saône).
VALITON (Émile), soldat	Rondeval (Doubs).
VERNIER (Rodolphe), soldat.	Montéchelouy (Doubs).

Origine des soixante-quatre gradés et hommes de troupe rescapés de la Tranchée de la Soif.

26 du département du Doubs . . . . ci 26

11 du département de la Seine et de Paris . . . . — 11

6 du département du Haut-Rhin . . . . — 6

4 du département du Rhône . . . . — 4

3 du département de la Haute-Saône . . . . — 3

2 des départements de l'Ain, du Jura et de la Suisse . . . . — 6

1 des départements de l'Aisne, de l'Ardèche, de la Creuse, de la Haute-Vienne, du Puy-de-Dôme, de Saône-et-Loire, des Vosges et de l'Amérique du Nord. . . . . — 8

TOTAL.   64

VII — RÉCAPITULATION DES PERTES

a) Tués ou disparus 100

b) Décédés en captivité (1). 8

c) Blessés (2). 217

d) Tombés aux mains de l'ennemi (3). 137

TOTAL (4).   462

---

(1) Dont plusieurs des suites de leurs blessures, bien que ne comptant pas parmi les blessés (c).

(2) Plusieurs de ces blessés, prisonniers de guerre, sont comptés parmi les tombés aux mains de l'ennemi (d).

(3) Dans ce nombre ne sont pas compris les 8 hommes, précédemment relatés, décédés en captivité. Mais les victimes de la Tranchée de la Soif (67 combattants, dont 3 officiers), qui furent faits prisonniers, le 22 mai 1915, à 18ʰ 30, entrent dans ce total.

(4) Ce chiffre de 462, indiquant les pertes subies par le 2ᵉ bataillon du 172ᵉ régiment d'infanterie, au cours de l'attaque du bois d'Ailly, les 20, 21 et 22 mai 1915, dépasse le 50 °/₀ de l'effectif total du bataillon d'André tel qu'il fut engagé, avec ses compléments venus d'autres unités.

APPENDICE II

*Une œuvre vue à travers les Conférences, les Cours techniques,
les Livres, les Revues et la Presse.*

L'Individu n'est Rien, l'Action est Tout !
(Devise de Félix d'André.)

I

LES CONFÉRENCES

**1° *La rasance des terrains avec le clipsomètre du lieutenant
d'André*.** — Rapport fait par M. le général Bertrand à l'Académie
de Nîmes, le 28 janvier 1899 (A. Chastanier, éditeur).

Depuis vingt-cinq ans, cette question (l'adaptation du tir au terrain) a
fait l'objet de nombreuses études. Une infinité de méthodes ont été proposées
pour régler l'emploi des feux sur les terrains inclinés, qui sont ceux que l'on
rencontre le plus souvent à la guerre, mais toutes, jusqu'ici, avaient l'inconvénient d'exiger l'emploi de formules, de calculs impossibles à faire sous le
feu de l'ennemi.

C'est pour obvier à ces inconvénients, et pour résoudre d'une manière
simple et pratique les problèmes de tir, que M. le lieutenant d'André, du
100ᵉ régiment d'infanterie, propose l'emploi d'un petit instrument, qu'il a
conçu et réalisé et qu'il appelle le Clipsomètre, des trois mots grecs κλίτος,
« pente », Ψαύω, « effleurer, raser » et μετρον, « mesure », en ne prenant que
les radicaux des deux premiers : cli-pso-mètre. C'est une simple lamelle de
corne transparente, analogue au rapporteur de géométrie descriptive, de très
petites dimensions, qu'on peut placer dans le boîtier d'une montre ou dans un
carnet, lamelle sur laquelle sont tracées les courbes de hauteur et qu'on
applique sur la carte, ce qui permet de résoudre instantanément tous les
problèmes de tir. Le livre publié par M. le lieutenant d'André et qui justifie
sa proposition, est un des plus complets et des plus approfondis sur les effets
du tir, aux grandes distances et sur tous les terrains. Il a exigé une somme
de travail énorme, des calculs compliqués et difficiles basés sur l'analyse, la
résolution de nombreuses équations, et il dénote, de la part de l'auteur, un
esprit ouvert, réfléchi, chercheur, consciencieux, une instruction variée,
étendue et des habitudes laborieuses. Le feu, dans les guerres modernes, a
acquis une grande prépondérance ; il prépare et précède le choc, qui décide
le succès. Il faut savoir le manier avec habileté selon les phases de la lutte.
Il importerait peu, en effet, d'avoir entre les mains un outil perfectionné, si
on ne savait pas en tirer tout le parti possible. Voilà pourquoi l'étude

complète des effets du tir s'impose à l'officier qui, sur le champ de bataille, doit le commander, le régler et le diriger. C'est le feu de l'infanterie qui, dans les combats, est le principal agent de destruction. Dans la guerre de 1870, le pour-cent des Français atteints par les balles a été de 70 et celui des Allemands de 93. Les blessures par armes blanches ont été de 2 %, le reste est dû au feu de l'artillerie. Il est donc nécessaire d'ouvrir le feu dès qu'il peut être efficace. Autrefois, on disait volontiers qu'une bonne infanterie est « avare de son feu » et on citait la maxime si connue de Souwarof : « La balle est folle, la baïonnette seule est certaine ! »...

. . . .

On conçoit dès lors l'importance qu'il y a à connaître, non seulement la position de l'ennemi sur lequel on tire, mais encore la forme du terrain qui se trouve en arrière de lui et sur lequel peuvent, doivent être placés ses soutiens et ses réserves, qu'on cherchera à atteindre par le même feu.

. . . .

C'est, là, l'étude consciencieuse qu'a faite le lieutenant d'André.

. . . .

Mais les tables de tir ne sont pas portatives, on ne les aura pas sur le terrain, elles ne sont d'ailleurs pas faciles à consulter pendant le combat. D'un autre côté, il faudrait faire un effort de mémoire extraordinaire pour se mettre dans la tête les portées correspondant aux différents angles de chute et de site. Faudrait-il alors livrer le tir au hasard, au petit bonheur ?

C'est ici qu'intervient le clipsomètre de M. le lieutenant d'André, qui résout le problème, tout de suite, sans calcul, et que M. le général Leger a appelé *le trait d'union naturel entre le tir et la topographie.*

(Suit la description de l'appareil et son mode d'emploi sur les différentes cartes, françaises et allemandes.)

. . . .

Chaque type de carte exige un clipsomètre différent. Le lieutenant d'André s'est livré à une étude consciencieuse de toutes les cartes françaises ou étrangères et il indique les procédés de construction des clipsomètres qui leur conviennent. De toutes les cartes étudiées, la plus remarquable est celle d'Alsace et des provinces de Prusse au 1/25000ᵉ en courbes avec l'équidistance de 20 mètres. Elle est établie par la Section cartographique de Prusse. C'est un chef-d'œuvre de précision, de netteté et de clarté, les problèmes de tir s'y résolvent par le clipsomètre avec une facilité remarquable.

. . . .

Mais il ne suffit pas, comme le dit justement l'auteur, *d'avoir un fusil merveilleux et un tireur bien dressé, il faut aussi que ce tout complet produise le meilleur résultat possible.*

Il faut, par l'étude complète des effets de l'arme, selon la forme du terrain, produire la *rasance.* Voilà pourquoi l'étude si complète du lieutenant d'André fait faire un progrès considérable à la question du tir, en permettant, dans toutes les circonstances où elle est possible, la rasance du terrain occupé par l'ennemi, tout en se soustrayant soi-même aux effets de son tir.

Les officiers qui auront à commander, à régler et à diriger le feu devant l'ennemi, pourront s'exercer d'avance à la résolution sur la carte de tous les problèmes de tir intimement liés à la tactique et se préparer au rôle qu'ils auront à jouer.

. . . .

C'est ainsi, par l'étude d'abord, par un labeur patient et constant, par la vigueur et la résolution ensuite que, le jour venu, et Dieu aidant, nous ramènerons la victoire sous nos drapeaux.

Je suis heureux, en terminant, d'annoncer à l'Académie que la *Société de Topographie de France*, toutes sections réunies, a décerné à M. le lieutenant d'André sa grande Médaille d'or hors classe, qui lui sera remise, demain, par M. le ministre de la Guerre, en séance solennelle à la Sorbonne. C'est la juste récompense de son travail remarquable.

28 janvier 1899.

Général de division BERTRAND.

2° *Autres conférences.*

En France, après la conférence de M. le général de division Bertrand à l'Académie de Nîmes, M. Perrin fit à Paris, à la Société de Topographie de France, ainsi que plusieurs officiers supérieurs, dans leurs garnisons respectives (colonel Vidal, du Service géographique de l'armée, commandants Jaugey, Herteman, etc.), des conférences sur le clipsomètre, tandis que, par ailleurs dans le *Progrès militaire*, MM. les généraux Paquié et Philebert patronnaient cette invention.

Dès 1899, à la frontière de l'Est, M. le général de division Grillon mettait cet appareil entre les mains des 4es bataillons des régiments régionaux formant couverture.

La même année, M. le général Langlois prédisait que *cet appareil rendrait les plus grands services dans une guerre de forteresse et de positions.*

La même année encore, en Belgique, M. le colonel Serrane, de l'Institut cartographique, reconnaissait l'utilité de l'emploi du clipsomètre sur la carte au 1/20000e, en courbes, de l'État-major belge.

Treize ans plus tard, M. le lieutenant-général Dejardin, doyen des généraux belges, patronnait, dans l'*Indépendance belge*, les méthodes d'*instruction rapide*, employées par le colonel d'André, au Pérou, et sanctionnées par ses deux expériences caractéristiques : celle de 1906 à Jauja, à 3.500 mètres d'altitude, avec les contingents interandins échappant à la conscription militaire (récemment instaurée dans le pays par la mission militaire française), et celle de 1907, au camp de Cascajal, dans les terres chaudes des plaines de Lima (1). Tous les grands périodiques, de l'Amérique du Nord et du Sud, ont consacré à l'époque, avec photographies à l'appui, de longs articles approuvant les méthodes du colonel d'André, qu'ont si bien mises en relief les manœuvres précitées, suivies par les attachés militaires de différents pays, en particulier par M. le lieutenant Constant Cordier, des États-Unis (qui, colonel en 1918, était chef de la liaison américaine à Washington, lorsque le commandant d'André vint dans cette capitale, en traversant l'Amérique avec la mission française d'Australie dont il était membre).

La *Ilustracion Peruana* du 19 mai 1910 avait, en son temps, consacré à

---

(1) Ces manœuvres consistaient en une période de trois semaines d'instruction militaire intensive passée au camp, permettant (avec un encadrement des plus restreints d'instructeurs d'élite) de faire passer l'homme de recrue de l'école du soldat à l'école de brigade inclus. Une quatrième semaine, toujours sous la direction du colonel d'André, comportait (avec bivouacs et cantonnements chez l'habitant) des manœuvres à double action avec les troupes de toutes armes.

l'œuvre du colonel d'André un article détaillé, lorsqu'à son retour au Pérou, cet officier supérieur avait eu à mettre sur pied un corps d'armée de 20.000 hommes (8 régiments d'infanterie à 3 bataillons, 2 régiments de cavalerie, 2 régiments d'artillerie et troupes techniques d'encadrement) dont la rapide concentration aux frontières menacées empêcha la guerre d'éclater entre le Pérou et l'Équateur.

3° *Mission de propagande en Amérique latine*. — *Six conférences militaires* du général P. Clément, ancien chef d'État-major général de l'armée péruvienne et de la mission militaire française au Pérou (Lima, 1919).

(Extrait de la « Conférence sur l'Infanterie ». Traduit de l'espagnol.)

Au début de la guerre de tranchées les mitrailleuses servaient uniquement pour la défense immédiate des tranchées, l'artillerie restant chargée de tous les effets de destruction ou de neutralisation dans la région située au delà. On utilisait ainsi les propriétés destructrices du tir très rapide de la mitrailleuse mais seulement aux petites portées jusqu'à 1.200 mètres et on ne profitait pas des avantages qu'offre cette arme pour les feux à grande distance.

Or, du fait même qu'elle tire sur affût, la mitrailleuse a un tir très précis, même aux grandes distances, à 3.500 mètres, par exemple. Il convenait donc d'utiliser aussi cette qualité de la mitrailleuse. Aussi bien, dès que l'armée eut un nombre suffisant de mitrailleuses, résolut-on de les employer contre les objectifs situés en arrière des tranchées ennemies. On fit, à cet effet, dans les écoles de mitrailleuses plusieurs expériences qui donnèrent les meilleurs résultats.

On remarqua, en particulier, que les barrages de mitrailleuses, jusqu'à 2.500 et 3.000 mètres, étaient très précis et créaient une zone de mort infranchissable pour l'infanterie.

Cet emploi des feux de l'infanterie aux grandes distances n'est pas une idée nouvelle. Précédemment, on avait fait, avant la guerre, de nombreuses études sur ce point.

Qu'il me suffise de vous rappeler les leçons du colonel d'André, qui était très partisan de l'exploitation des feux à trajectoire rasante, c'est-à-dire des feux dont la trajectoire rase la crête du terrain limitant la vue du tireur et atteint les objectifs situés au delà de cette crête.

On organisa alors, dans chaque armée, des groupes spéciaux de mitrailleuses qui étaient destinés à remplir les missions de destruction ou de neutralisation lointaines, d'après les ordres du commandement, soit dans la période de stabilisation, soit dans celle des attaques. Ce nouvel emploi des mitrailleuses commença à l'été de 1917 (1).

---

(1) A cette époque l'inventeur du clipsomètre, arrivé au terme de sa captivité à Ingolstadt, était interné en Suisse où il prenait, à Vevey, la direction du *Centre des Études militaires* (création de l'ambassade française à Berne), quatre mois avant son retour en France.

Mais, une fois rapatrié, on ne trouva à offrir à ce technicien, comme emploi pendant la guerre (emploi qu'il déclina, d'ailleurs), que le commandement militaire de la gare de l'Est, à Paris, et, ensuite, le poste de commandant d'armes à Vincennes. En juin 1918, il était désigné pour faire partie de la mission française en Australie, Nouvelle-Zélande et Canada, qui quitta la France le 13 juillet suivant.

COMMANDANT D'ANDRÉ

(Nommé Colonel de l'Armée Australienne, le 11 octobre 1918, à Melbourne.)

II

LES COURS TECHNIQUES

———

Fuegos de la Infanteria. — « Conferencias pronunciadas en la Escuela de Estudios Militares del Centro del Ejército y de la Armada », por Enrique Ruiz Fornells, de la Escuela Central de Tiro del Ejército. Madrid, Imprenta de Artillería (San Lorenzo, 5, 1905).

Après la *Revista Técnica de Infanteria y Caballeria*, de Madrid, qui publia en 1899 plusieurs articles du colonel don José Villalba y Riquelme concernant le « clipsomètre », l'École centrale de tir de l'armée, à Madrid, consacra, dès 1905, deux conférences (la 5ᵉ et la 6ᵉ) pour étudier les théories balistiques du lieutenant d'André et discuter les équations (du 3ᵉ degré ou d'un degré supérieur) basées sur les tables de tir que fournissait l'École normale de tir du camp de Châlons et avec lesquelles l'auteur a pu construire ledit clipsomètre (1).

Traduit de l'espagnol.

Page 164. — Ne voyez dans ce qui précède que les idées d'illustres balisticiens, Paquié, d'André, Philebert, etc.

Page 182. — ...Mais grâce à l'éminent et enthousiaste officier de l'infanterie française, M. d'André, on peut résoudre ce problème de tir avec grande facilité et exactitude. Pour cela, il suffit, en consultant la carte du terrain, d'appliquer dessus un appareil très simple, de matière transparente, de dimensions très réduites (25 millimètres de longueur sur 16 de largeur), qui est extrêmement maniable et peut être emporté partout. Cet appareil que son inventeur, M. d'André, appelle clipsomètre (c'est-à-dire qui mesure la rasance d'une pente de terrain), résout, comme nous allons le voir, avec une exactitude mathématique et instantanément, ce problème de la rasance qui est si compliqué par ses données aussi nombreuses que délicates. Il ne se contente pas de nous donner une seule origine de tir, mais il nous fournit le *lieu géométrique* de tous les points de rasance ; ce qui a l'immense avantage de nous permettre de choisir, entre tous les points trouvés pour l'emplacement de l'origine de notre tir (mitrailleuses ou troupe), celui qui nous convient le mieux tactiquement, celui qui est le plus facile à occuper, etc. Il y aurait à craindre, en effet, qu'une seule origine du tir ne tombât hors de notre secteur d'action.

. . . .

Page 204. — On comprend qu'il y ait, là, quelque chose à faire, qu'il

———

(1) Appareil très simple, permettant, comme on l'a vu précédemment, de résoudre automatiquement et instantanément, sur la carte, tous les problèmes de la rasance qu'impose le champ de bataille moderne.

faille profiter du temps pour étudier, à fond et pratiquement, la question du tir rasant. Il existe, à cet effet, des règles simples et empiriques, il y a surtout un excellent appareil — le *clipsomètre !* — il y a des procédés d'instruction qui, comme ceux proposés par les généraux Paquié et Mille, servent à acquérir une pratique intelligente dans la direction du feu en campagne. Ce que préconisent ces deux illustres généraux nous paraît peu de chose, sans que cela veuille dire que nous méprisions les exercices pratiques qu'ils proposent, exercices que nous reconnaissons être utiles et de grande nécessité. Mais nous sommes d'avis qu'en plus de cela on emploie un appareil aussi simple, aussi exact et aussi pratique que le clipsomètre de M. d'André (1).

III

LES LIVRES

—————

1° *Le Pérou contemporain*. — Livre de M. Francisco GARCIA CALDERON (2), de la Société de Sociologie de Paris (1907. Dujarric et Cⁱᵉ, éditeurs, 5o, rue des Saints-Pères à Paris).

La mission française a changé l'aspect de la vie militaire du pays (3) : sur les débris du vieux militarisme, turbulent et inactif, elle a posé les assises d'une armée nouvelle, qui n'est plus hantée par la curée énervante du pouvoir. Ces corps militaires anciens sans discipline, dominés par le favoritisme et par l'ignorance, sont remplacés par une organisation moderne fondée sur la science, où l'ascension se fait par la sélection des capacités où le sérieux et le progrès sont évidents.

. . . .

Le baron d'André dont la science, l'élan et l'enthousiasme actif sont des plus beaux, s'est appliqué à une œuvre essentiellement moralisatrice dans l'armée. Il a transformé l'infanterie nationale, a créé des écoles et des sociétés de tir, qui ont naturellement une grande influence sur la culture civique du pays, et dernièrement, par sa participation aux manœuvres de Jauja (4), à l'intérieur du pays, il a démontré le caractère civilisateur, de la mission militaire française avec une science et une ténacité remarquables. On peut envisager cette action au triple point de vue de la science, de la civilisation péruvienne et des relations de notre pays avec la culture française.

En rapport avec la technique et la science, il n'y a pas seulement progrès mais création : avant l'établissement de la mission française, on peut dire que l'armée était ignorante de son devoir et de son rôle national et que,

—————

(1) Ces mêmes leçons furent reproduites par de nombreuses écoles techniques à l'étranger.
(2) Devenu plus tard envoyé extraordinaire et ministre plénipotentiaire du Pérou à Bruxelles.
(3) Le Pérou.
(4) Manœuvres de quatre semaines dirigées par le colonel d'André sur les deux rives de Mantaro, à 3.5oo mètres d'altitude environ (du 18 novembre au 16 décembre 1906).

même chez les chefs, le patriotisme n'arrivait pas à masquer la profonde ignorance de la science militaire. Tout est différent aujourd'hui : il y a une organisation des études, la théorie s'unit à la pratique et l'hygiène et l'ordre règnent dans les casernes. Par l'adoption de divers manuels, par des conférenciers et des livres, il y a déjà une ébauche de littérature militaire. Et on prépare, par la connaissance du territoire, de grands éléments de défense nationale.

L'effort civilisateur de la mission est évident, dans l'armée et en dehors d'elle. Dans l'armée, par la culture morale, par la discipline rigoureuse, par la mise en honneur de la carrière militaire, jadis méprisée et impopulaire, par un système d'examens et d'épreuves opposé à l'inspiration ancienne, par la canalisation de cette force qui menaça toujours la stabilité intérieure du pays. Et, en dehors de l'armée, par l'expansion des idées de culture civique enseignées par la mission dans des « instructions » fréquentes, et surtout par l'action sur la race indienne. Les dernières manœuvres de 1906, à l'intérieur du pays, ont eu, à ce point de vue, un succès éclatant. Il paraît désormais évident qu'un moyen sérieux d'éducation pour la race indienne c'est de passer par l'armée, pour s'y assimiler des éléments civilisateurs, sous une tutelle nécessaire. « Il y a, pour la mission, écrit le baron d'André, quelque chose de *supérieur* à tenter ; c'est éduquer le peuple, le viriliser, l'instruire, développer son patriotisme, réformer son moral (1). » Et cette fonction nationale est remplie dans cette mobilisation régionale sous les drapeaux, où l'Indien apprend des choses utiles, des choses nécessaires, où il commence à croire à la vie civilisée et à comprendre les notions de solidarité, de devoir, de patrie.

Pour les relations intellectuelles et morales de la France et du Pérou, l'action de la mission militaire est efficace. Nous avons souvent parlé de l'importance d'un rapprochement politique et moral entre les pays de l'Amérique latine et ceux d'Europe : la mission française établit des liens solides entre les deux peuples, la France et le Pérou, et cette union nous est nécessaire pour les arrangements politiques de l'avenir.

2° *L'Amérique du Sud*. — Livre de M. Maurice HONORÉ (1911. R. Roger et F. Chernoviz, éditeurs, 99, boulevard Raspail, à Paris).

La mission française a largement travaillé à la réorganisation de l'armée de terre, mais peut-être le Gouvernement péruvien ne l'a-t-il pas toujours soutenue assez énergiquement contre les inévitables hostilités des militaires routiniers qui, dans tous les pays du monde, s'appellent : « Les vieilles culottes de peau. » Les officiers allemands qui, à Santiago, furent chargés d'instruire l'armée chilienne, eurent une action d'autant plus rapide et efficace que le Gouvernement chilien les défendit mieux contre les attaques des militaires rétrogrades.

Malgré tout, les résultats obtenus au Pérou sont précieux déjà : le re-

---

(1) Extrait d'une lettre à Mme la baronne d'André, communiquée à l'auteur. Voir dans les *Instructions pour les manœuvres de 1906*, la place remarquable donnée par le colonel d'André à l' « instruction morale » (*Prescripciones para el 7° Regimiento de Infanteria*, etc. Chorrillos, 1906, p. 85 et 86).

crutement de l'armée se fait d'une façon plus régulière ; une école militaire a été créée à Chorrillos ; de grandes manœuvres sérieuses ont été exécutées ; enfin et surtout des sociétés de tir fonctionnent dans de nombreuses locali- tés : on en compte environ 150. Le Pérou, en temps de paix, n'a que 4.000 hommes sous les drapeaux, sur les 19.000 susceptibles d'être appelés chaque année. 1.500 seulement sont enrôlés, choisis de préférence parmi les insoumis et les mauvaises têtes ; d'autre part, pendant un mois par an, on instruit des surnuméraires. Une grande partie du contingent ne reçoit donc pas d'instruction militaire complète ; les sociétés de tir remédient à cette lacune : la nation, ne pouvant venir à l'armée, s'instruit elle-même, en s'exerçant à ce qui est le plus utile, au tir. Il ne s'agit plus, là, en effet, de clubs aristocratiques, comme on en trouvait beaucoup autrefois, mais de so- ciétés, où se groupent les hommes de toutes les classes, mus par la pensée commune de devenir des défenseurs capables de rendre service au pays. C'est à l'un de nos officiers, à M. le *colonel d'André*, que le Pérou est rede- vable de cette belle réforme démocratique. Les soldats, que l'on voit passer dans les rues à Lima, ne dépareraient aucune troupe française. Cette amé- lioration apportée aux choses de l'armée, a eu pour résultats de faire con- naître la France aux seuls Péruviens qui ne la connaissaient pas, c'est-à-dire aux Indiens. Il n'est pas un malheureux cholo, vivant perdu dans la sierra, qui n'ait constaté de lui-même la transformation opérée : il se souvient des armées mal équipées, mal commandées, pour lesquelles on le recrutait de force dans des razzias impitoyables. Aujourd'hui, il commence à être fier de son armée et il sait que c'est à la France qu'il le doit.

3° Préface du livre : *Le Tir pour Vaincre*, écrite par M. le général Cherfils (Berger-Levrault, éditeurs, Paris, 1914).

Le poilu ne doit pas s'entendre du bougre à trois poils que déjà réclamait Chevert devant Prague, moins encore du troupier hirsute de nos tranchées. Le poilu, c'est celui qui fait le poil non pas à l'autre mais aux autres. Je dis bien : aux autres, car le vrai poilu ne se contente pas d'abattre son Boche ; il lui en faut dix, de la gauche à la droite, tombant en capucins de cartes sous les balles de son fusil. C'est la définition que propose d'un mot, le com- mandant d'André, du 150e, dans le livre que nos camarades seront heureux de méditer. Et cette définition donne bien la mesure du but de son étude et de son ampleur.

Le commandant d'André est un grand professionnel du tir ; non le théori- cien à formules, mais l'exécutant qui vise l'emploi et l'effet du tir à la guerre. Son *Tir pour Vaincre* est autre chose que le tir de stand qui n'est qu'un commencement et qui, s'il veut être une fin, ne s'élève pas au-dessus d'un sport. Il est plus et mieux encore que le tir à tuer ; il est la tactique de feu complète de l'infanterie. Son étude va du tir individuel au tir collectif et jusqu'au tir indirect avec l'utilisation de ses effets de rasance. Elle se termine par les bases de ce que doit être une organisation de tir national, à l'image de ce qu'il avait lui-même créé au Pérou.

. . . .

Entre l'école de la précision, qui fait le tir à tuer, et l'école de la vitesse qui, poussée à l'excès, ne réalise que l'hérésie du tir à faire peur, il y a l'école du bon sens, l'école de la guerre, celle du tir pour vaincre. Son moyen est de tirer bien et vite, son but, d'abattre le plus d'hommes possible dans le minimum de temps.

Même après la guerre des Boers, nous n'avons pas su comprendre l'importance du tir. Une mentalité spéciale nous faisait admettre, jusqu'au début de la guerre de 1914, que le domaine du feu était réservé à l'artillerie. Cette théorie, exagérée, avait été développée par l'abus du kriegspiel d'origine allemande, d'où sont également absents l'homme, le fusil et le terrain, et où s'atrophie l'esprit guerrier.

Or, c'est cet esprit qui développe la valeur individuelle du combattant; c'est lui qui doit faire que l'homme compte plus sur l'aide qu'il doit donner aux autres que sur l'aide qu'il en peut recevoir. Notre mentalité faussée tendait à faire de l'homme l'accessoire du canon, le fantassin n'intervenant que par le nombre, la quantité et le choc des baïonnettes, sans souci de la qualité professionnelle du tireur. Si le fantassin agissait par son feu, ce n'était que pour prolonger l'arrosage du canon.

La guerre de 1914 nous a cruellement prouvé que, entre la préparation de l'attaque par l'artillerie et l'exécution de cette attaque à la baïonnette, il y avait une période et une zone intermédiaires, où l'infanterie doit être souveraine, si elle sait pratiquer le tir à tuer.

Un tireur calme et de sang-froid, confiant en son adresse, qui sait que son adversaire n'arrivera pas à le joindre à la baïonnette; le tireur qui peut abattre dix hommes avec dix balles, au lieu de n'en tuer qu'un seul à la baïonnette; l'homme dont on a préparé la qualité, sans trop de souci de la quantité, cet homme est le roi du champ de bataille; il le domine par ses balles intelligentes, par ses balles ajustées que le fusil de précision a guéries d'être folles; il le domine par le travail qui achève et poursuit la préparation de l'artillerie et qui facilitera l'effort de sa baïonnette contre un ennemi aux trois quarts anéanti.

Certes, dans cette guerre de siège, le rôle de l'artillerie prend une importance considérable, et seul le gros canon permet de bouleverser des casemates enfoncées à plusieurs mètres sous terre. A lui revient l'œuvre presque entière de la préparation contre un ennemi à la fois trop rapproché et invincible, qui échappe aussi bien à l'obus de 75 qu'à la balle du fusil. Mais, dès que cette zone de siège sera franchie et que l'espace s'ouvrira, la balle retrouvera son champ d'action, au delà de celui sur lequel travaille le 75, le canon de la guerre de mouvement.

La victoire moderne exige la conjugaison simultanée et complète de ces trois verbes : *vouloir, pouvoir, savoir*...

Vouloir, c'est le courage ardent, la volonté irréductible, sans laquelle les deux autres puissances sont sans ressort et sans vie. Mais, seul, ce verbe magnifique ne suffit pas; et le mois d'août 1914 nous l'a prouvé.

Pouvoir, c'est la puissance de l'organisation matérielle et de l'armement dont l'Allemagne a eu un instant une suprématie que nous lui avons ravie.

Savoir, c'est la préparation complète du facteur humain par l'instruction professionnelle. Cette science longtemps nous a fait défaut, non point celle du commandement, qui s'est révélée chez nous supérieure, mais celle de l'exécutant, qui trop longtemps a oublié qu'une arme de précision devait assurer un tir précis.

L'arme complète du fantassin est un fusil avec une baïonnette, image bien caractéristique de l'arme reine, la seule qui réunisse au plus haut degré les deux modes d'action éternels, le feu et le choc. Mais la baïonnette ne fait que s'ajouter au fusil, comme le choc s'ajoute au feu, celui-ci préparant celui-là.

Il me semble que le petit livre du commandant d'André résume parfaitement ce que doit être la préparation complète de l'homme, afin de donner le rendement le plus puissant à sa capacité du tir pour vaincre.

. . . .

(Ici se place le récit de l'épisode du bois d'Ailly.)

Il me pardonnera de faire connaître les détails de sa disparition. Les crépuscules de l'été annoncent les aurores. Si, malgré ses gestes héroïques, d'André n'a pas disparu dans la mort, du moins il a disparu dans la gloire.

Puissent le respect et l'admiration de ses camarades le consoler de la douloureuse impuissance de sa captivité, la plus cruelle des épreuves pour un soldat dont tous les actes étaient, uniquement, tendus vers l'action, pour la victoire.

Ses idées continueront à se battre pour lui.

4° *L'Énigme de la Guerre (1915). Vaincre c'est Prévoir.* —
Livre de M. J. ARCHER, ingénieur civil des Mines (Éditions Ernest Leroux, 28, rue Bonaparte, Paris).

Nous demandons que l'artillerie ne refuse pas à l'infanterie le canon qu'elle demande : le canon de bataillon des armées de la Révolution.

Ce que nous avons dit de la liaison nécessaire entre l'artillerie et l'infanterie est également vrai des autres armes. A ce sujet, il est intéressant de revenir sur un fait historique, c'est la question des mitrailleuses dont on proclama la faillite en 1870. Nous laissons la parole au commandant d'André (1).

Tant que le service de la mitrailleuse au combat fut accaparé par une seule arme, laquelle alla jusqu'à prétendre doubler avec cet appareil auxiliaire l'action de l'infanterie (arme capitale), voire même la suppléer souvent, allant jusqu'à croire cet engin susceptible de remplacer le canon de campagne, on n'eut que des mécomptes, avec une espèce de mécanique bâtarde qui fit faillite à tous ses engagements. De fait, on ne vit que rarement la mitrailleuse apparaître, là, où sa présence devenait indispensable, par manque de coordination entre le mitrailleur et la troupe à servir; si bien que, lorsqu'elle eut à entrer en action, elle se révéla, plus d'une fois, inférieure à sa tâche.

Aussi, le résultat — après cette malheureuse expérience de la guerre de 1870, — fut-il une disgrâce, sans appel aux yeux du public, un discrédit aussi injuste qu'avait été immérité l'engouement précédent. On incrimina la machine, alors que c'était la manière de s'en servir qui seule était répréhensible.

Et voilà pourquoi, sitôt celle-ci amendée, l'aspect de la question est entré dans une nouvelle phase, décisive cette fois. A la conception primitive de la mitrailleuse « cinquième arme » corps spécial, dans une armée où il n'y a que trop de spécialisations — la faute en est à l'époque — on vit,

____

(1) *La Mitrailleuse aviatrice,* 1909. (Chapelot, éditeur).

enfin, succéder cette autre, moins prétentieuse, partant plus rationnelle, de la mitrailleuse « généralisée », chaque arme ayant à s'en servir au moyen de ses propres ressources et suivant son esprit particulier en vue du but supérieur tactique poursuivi en commun. Un organe n'est-il pas là, d'ailleurs, dont le rôle est précisément d'aplanir toute divergence, de coordonner en un même faisceau tous les efforts mis en action sur le champ de bataille moderne : le haut commandement ? Renforçons donc sans arrière-pensée la puissance particulière de chaque arme *en la faisant bénéficier de l'appoint des mitrailleuses ;* remettons-en à chaque corps d'infanterie, de cavalerie, à chaque détachement des trois armes et nous serons certains d'obtenir du même coup le maximum de rendement de l'engin.

Ainsi fut-il fait, et on en a vu le résultat : en Mandchourie, au Maroc, la mitrailleuse acquérant, là, d'emblée, ses lettres de grande naturalisation qu'elle a attendues près de quarante ans.

. . . .

Il faut donc *des mitrailleuses* et si nous ne pouvons en avoir une par section, comme le demandaient *bien avant la guerre* le lieutenant-colonel Vignal (1) de l'État-major de l'armée et le commandant d'André, que nous ayons au moins deux mitrailleuses par compagnie !

L'effectif de chaque compagnie pourra ainsi, sans inconvénient, être ramené de 250 à 200 et même 150 hommes.

Qui donc se plaindra ? Tout au plus les anciens partisans de la monstrueuse théorie qui était pratiquée aux manœuvres et se traduisait par la phrase fameuse : *La tactique est indépendante du tir.*

Écoutons, sur ce sujet, le commandant d'André (2) :

La tactique est indépendante du tir !

On pratique cela aux manœuvres. Le feu n'existe pas, il faut éduquer une troupe à subir le maximum de pertes sans reculer (sic).

Quelques-uns, en effet, affectent d'ignorer que le combat moderne est le produit de deux facteurs (distincts, il est vrai, mais se complétant l'un l'autre) : le feu et le mouvement en avant, le mouvement même n'étant possible, dit le Règlement actuel sur le service en campagne, *que quand le feu, efficace, intense, lui a ouvert la voie, et ces malheureux, sous prétexte que le mouvement en avant, seul, est décisif et irrésistible, affichent un véritable dédain pour tout ce qui est feu, tir, emploi de l'arme. Ils traitent de « spéculation oiseuse »* (sic) *toute étude technique concernant le tir, allant même jusqu'à se faire, les imprudents ! les apôtres bénévoles de cette erreur, pernicieuse au premier chef, qui dit que : « La tactique est indépendante du tir ; sur le champ de bataille, les balles, quelle que soit l'habileté des tireurs, s'éparpillent depuis zéro jusqu'à la portée extrême de la hausse, etc. »*

Pour eux, l'adresse professionnelle des tireurs, l'excellence des armes, l'habileté du chef pour garder sa troupe dans la main, être maître de son feu le plus longtemps possible, le diriger en toute connaissance de cause, tout cela est lettre morte : ce sont autant de phrases creuses sonnant faux. Ce qui compte, c'est le mouvement seul, la tactique de marche, le déplacement du pion sur l'échiquier du champ de bataille.

---

(1) Nommé depuis général, attaché militaire pendant la guerre près de l'ambassade de France à Washington.

(2) *La Mitrailleuse aviatrice.* 1909. (Chapelot, éditeur.)

L'homme ne va pas à la guerre pour se battre, il y va pour marcher. L'infanterie n'est encore la reine des batailles que parce qu'elle est la régulatrice des marches.

Et tout à l'avenant !

D'après cette étrange théorie, le fantassin ne vaudrait plus que par ses jambes et, cela, à une époque se prétendant de plus en plus intellectuelle et raffinée, au moment où l'instruction se généralise, où sont exaltées : et l'éducation morale et la valeur civique du citoyen.

Ne voir dans l'homme au feu que la matière en mouvement, la masse, la chair à canon, se gausser des efforts consciencieux qui tendent à sortir l'infanterie de l'ornière? Quelle aberration !

Le temps n'est plus où l'on considérait comme un honneur — au gré des poètes — de plastronner sous la grêle des balles servant de cible à l'ennemi.

La tactique est indépendante du tir ?

Nous voulons ignorer de quelle école (en écrivant, et pour cause : « école » avec un « é » minuscule) se réclament les insouciants qui vont, de par le monde, avec des yeux sans voir, clamant une aussi monstrueuse hérésie.

Par contre, ce que nous voulons mettre en évidence, ici, c'est le mirage des brillants paradoxes qu'elle encadre dans le présent, c'est le danger qu'elle enserre pour l'avenir.

Sous peine de laisser entendre qu'une manœuvre de combat a la même valeur, que les hommes soient armés de fusils ou de manches à balai, il faut que le tir et la tactique soient liés entre eux, comme les doigts de la main, comme le sont encore la fortification avec la topographie.

Hélas ! combien de nos pauvres soldats ont été victimes de ces sophismes !

. . . .

Nous avons eu des devanciers et c'étaient le regretté capitaine Ferber et le commandant d'André.

Ce dernier allait même beaucoup plus loin que nous et demandait en 1909 la *mitrailleuse aviatrice*, c'est-à-dire l'engin tirant à plein vol et il avait devancé les progrès de l'aviation en demandant l'hélicoptère ou même l'ornithoptère. Dès 1909, il demandait deux aéroplanes munis de mitrailleuses par brigade.

Aujourd'hui que les réalités de la guerre ont réduit à l'état de sophismes bien des doctrines qui paraissaient le plus solidement étayées, il n'est pas mauvais de souligner, au contraire, les idées auxquelles cette même guerre a donné une actualité qui doit dédommager leurs auteurs du mépris que les routiniers d'avant-guerre leur ont témoigné.

. . . .

La combinaison avion et mitrailleuse représente un engin merveilleux dont l'utilisation sur une grande échelle nous permettra d'obtenir des résultats décisifs.

Nous avons maintes fois vu, dans la guerre actuelle, une section de mitrailleuses tenir en échec, neutraliser en un mot, un bataillon ; multiplions par 1.000, par 2.000, par 4.000. Cela nous est permis puisqu'en une heure d'avion nous pouvons transporter 4.000 mitrailleuses en n'importe quel point choisi.

. . . .

5° Préface de ***La Signalisation à portée de fusil***, écrite par
M. le général CHERFILS (Berger-Levrault, éditeurs, Paris, 1915).

Décembre 1915.

Pendant quatre mois d'ambulance qu'une très grave blessure, reçue le
13 septembre 1914, a infligés au commandant d'André, il a mis de l'ordre
dans des notes militaires écrites sous la lumière brutale des premières
semaines des opérations. C'est de ces longues méditations qu'est sorti *Le Tir
pour Vaincre*. Une autre étude à peu près complète, sur *L'Instruction rapide
en vue du combat,* sera singulièrement intéressante, lorsque le commandant,
actuellement enchaîné, aura la liberté d'y mettre la dernière main. Mais de
ce travail je me permets de détacher, tout de suite, un chapitre qui, à lui
seul, est un tout complet, sur la *signalisation à portée de fusil* dans le bataillon. C'est comme une théorie pratique, faite pour le bataillon du 150ᵉ que
commandait Félix d'André. Elle rendra à ses camarades de l'infanterie les
services qu'il en a tirés pour son bataillon. Propager ces conseils pratiques,
c'est pour le commandant d'André une manière nouvelle de servir, puisque
la douleur ne lui a pas été épargnée de ne plus servir l'épée à la main.

(Suit le récit de l'épisode du bois d'Ailly.)

. . . .

C'est ainsi que l'héroïque commandant Félix d'André, d'Aubussargues (1),
frère de Maxime d'André, colonel du 5ᵉ chasseurs, héroïquement tué devant
Ypres, le 3 novembre 1914, a disparu dans une sanglante apothéose de
gloire.

Il m'a semblé que ce récit, froid et sec, sans commentaires, des circonstances
de la disparition du commandant d'André valait d'être fait.

Une citation et une décoration viendront-elles panser la blessure de ce soldat, qui n'a été officier que pour faire la guerre et qui a la douleur de ne
l'avoir faite que pendant vingt-huit jours (2)? Mais il l'a faite superbement,
offrant à tous l'exemple d'un preux, radieusement brave.

6° Préface de ***Quand l'heure était cruelle (1918)***, écrite par
M. le général CHERFILS (Chapelot, éditeur, Paris).

Juin 1918.

Cette guerre, qui se poursuit depuis quatre années, a illuminé quelques
vérités et démoli quelques faux dogmes.

Elle a été, d'abord, la guerre de mouvement normale, accidentée seulement
des surprises de quelques engins et de leur adaptation habile.

Puis elle a été barrée, moins par l'obstacle de la tranchée rudimentaire et
de son fil barbelé, que par la continuité de cet obstacle de la mer à la neutra-
lité de la Suisse.

Pendant trois années, les efforts se sont épuisés à faire une brèche dans
l'obstacle. Ils y ont cependant réussi à moitié, assez pour donner à la défense
l'excitation qui lui a fait multiplier ses positions et ses résistances.

------

(1) Village du Gard comptant, avec 50 feux et 184 habitants : 18 morts à la guerre.
(2) Cinquante-huit jours, erreur de chiffre à rectifier.

L'obstacle a été brisé en Russie en mai 1915 sur le front de Galicie et de Pologne. La balance entre la défense russe et l'attaque allemande, viciée par la corruption boche, était trop inégale.

L'artillerie lourde, s'avançant lentement à quatre kilomètres par jour, a paru être l'instrument du triomphe boche, dans une lutte qui n'a pas pu complétement retrouver l'allure et la décision du mouvement victorieux. Ce résultat a suggéré à l'attaque la confiance que, seule, l'œuvre du gros canon pourrait renverser les barrières et délier les ailes de la Victoire. C'est dans cette illusion qu'ont été bâties l'offensive de Champagne 1915, le Verdun boche de 1916, notre Somme de 1916 et l'attaque du 16 avril 1917. L'événement a prouvé que le gros canon, si nombreux et si terrible qu'il fût, était impuissant à détruire même l'organisation défensive de la première position.

Ce qu'il y a de plus efficace dans le pilonnage de l'artillerie est moins la destruction par les éclats de fonte que l'asphyxie par les nappes de gaz des obus toxiques.

Toujours il restait, même dans la première position, des nids de mitrailleuses et des foyers de résistance qui arrêtaient les attaques et les brisaient.

Le dogme de l'infaillibilité du gros canon avait pris fin.

Pendant que quelques esprits ne voyaient d'autre solution de la guerre que l'usure, qui est la négation de l'esprit d'offensive et une arme à deux tranchants aussi dangereuse à celui qui l'emploie qu'à celui qui la subit, les clairvoyants avaient eu déjà la vision de l'emploi massif des tanks, appropriation moderne du *cheval de Troie*, et aussi des avions de bataille.

Le commandant Félix d'André, dès 1909, dans sa *Mitrailleuse aviatrice*, éditée chez Chapelot, avait annoncé le rôle considérable que l'avion mitrailleur pouvait prendre dans la bataille.

Mais il y avait cependant une conséquence plus immédiate à tirer des insuccès basés sur la destruction par la seule artillerie. Le canon ne voit pas, ne vérifie pas son travail dans la plupart des cas ; il sévit contre ses propres troupes dans la nuit de son emploi, parce qu'il tire de trop loin, par conséquent en aveugle.

Alors l'idée devait venir de redemander à l'infanterie ce que l'artillerie était impuissante à réaliser. A la rigueur l'exploitation de ses fusils et de ses mitrailleuses, jusqu'à l'extrême limite de leurs hausses, pouvait, en accablant les arrières du front et le front de bataille, couvrir la marche de l'infanterie et favoriser sa progression.

Le commandant Félix d'André, auteur du *Tir pour Vaincre*, apôtre du tir précis, visé, étendu jusqu'à 2.500 mètres, a toujours prêché la puissance offensive du fusil, arme clairvoyante et implacable, et dont la *rasance* rend intenable les pentes inscrites révélées par le *clipsomètre*.

Mais le seul fusil ne peut suffire à réduire les nids de mitrailleuses et à détruire les abris résistants. Pour cela, il faut recourir au canon, mais à un canon mobile, léger, *accompagnant* l'infanterie, *tirant à vue* avec une portée qui n'a pas à dépasser celle du fusil et une force d'explosion suffisante.

Le général Langlois, ce maître manœuvrier, avait réclamé des canons de ce genre. Il avait prédit la faillite de l'artillerie lourde pour la guerre de mouvement. Seuls les éléments qui sont mobiles et légers peuvent, en effet, faire la guerre de mouvement, qui réclame la vitesse, parce que ses effets croissent comme cette vitesse.

Le rapport du 1er novembre 1915, établi par le général Pétain, après l'offensive de Champagne, faisait ressortir la nécessité de donner à l'infanterie de petits obusiers d'accompagnement. Mais, avant cette date et bien avant avril 1915, un ingénieur civil des Mines, M. Archer, avait eu la notion exacte des conditions du succès d'une attaque. Il avait inventé un canon d'accompagnement. Dix-sept commissions l'ont examiné. Quatre fois il a été essayé. Depuis trois ans la solution est à l'étude sans aboutir. Ce que vaut le canon Archer je n'en sais rien ; mais son idée était parfaitement juste. Les Boches ont su l'adopter et l'adapter.

C'est sur des *canons d'accompagnement*, sur une *extension des mitrailleuses* et un *emploi intensif du tir à extrême distance*, qu'a été basée la surprise tactique de leurs offensives du 21 mars, du 27 mai, du 9 juin, et assurée la nouvelle manière de leurs attaques par vagues successives d'infanterie se dépassant, l'une l'autre, à bout de portée du fusil.

La défection russe, en donnant à l'Allemagne un million de plus de soldats, favorisait l'application d'une méthode qui, après un emploi intensif mais court et logique de l'artillerie de position, n'employait que ses bataillons avec leurs *fusils*, leurs *mitrailleuses* et leurs *canons* puissants.

Les temps de Gustave-Adolphe et du canon de bataillon sont revenus, éclairés dans un jour de brutale vérité.

Mais l'attaque est si difficile à mener que, pour réussir, elle a besoin d'une supériorité écrasante en tous les moyens qu'elle peut employer : fusils, mitrailleuses, canons d'accompagnement, canons de tous calibres, chars d'assaut et avions de bataille.

Le trait le plus essentiel, qui donne à la bataille actuelle sa physionomie particulière, est le fait qu'elle peut s'alimenter avec des réserves presque indéfinies.

Autrefois, même en 1870, la bataille ne se livrait qu'avec les armées présentes sur le terrain. Le 18 août 1870, on attendait le XIIe corps, comme, à Waterloo la victoire attendait Blücher ou Grouchy. Aujourd'hui, la durée que donnent à l'action les engins matériels, d'une part, et, d'autre part, le chemin de fer qui va jusqu'au cœur du pays chercher les renforts, permettent à des réserves indéfinies d'accourir. Elles arrivent à enrayer l'offensive et stabiliser la lutte.

La condition essentielle de la victoire est donc de couper le courant des réserves de l'ennemi.

Jusqu'à ce que l'heure ait sonné de la cavalerie et de ses raids à l'américaine, il n'y a qu'un instrument pour y réussir, c'est *l'avion de bataille*, avec toutes ses variétés, dont il faut posséder des milliers : avions mitrailleurs, bombardeurs, transporteurs de troupes, pareils à des autobus **aériens**, et débarquant, sur les flancs et les derrières de l'ennemi, la surprise d'attaques de revers, nourries et impétueuses.

C'est l'adaptation de tous ces moyens, à la fois, que traite le **commandant** d'André dans son étude :

L'Heure cruelle à passer (1) *de la Nuit russe au Jour américain.*

Il la présente avec une clarté et une justesse de vues remarquables, avec ce don de vision et de divination qui en a fait, à plusieurs reprises, un précurseur et un annonciateur.

---

(1) L'ouvrage n'ayant pas paru à l'époque où il avait été écrit, son titre fut, par la suite, modifié en : *Quand l'heure était cruelle.*

IV

LES REVUES

1° Extrait du *Dictionnaire biographique illustré de l'Amérique latine.* — Préface de M. Gabriel Hanotaux (membre de l'Académie française, ancien ministre des Affaires étrangères de France, président du Comité France-Amérique), dirigé par M. Henri Martinville et Eugène Beuve. Le fascicule 2, pages 10 et suivantes, porte sous la signature de G. Bailly-Rollet, le résumé, ci-après, de toute une œuvre française réalisée au Pérou de 1900 à 1911.

D'André (Marie, Auguste, Albert, *Félix*, colonel, Baron).
Né le 18 octobre 1867, au château de la Calmette (Gard).
M. le colonel baron Félix d'André est le fils d'un officier de marine Balthazar-Alfred d'André. Son grand-père, Maxime, était colonel de cavalerie, frère de Balthazar-Maurice marquis d'André, général de division, Grand Officier de la Légion d'honneur (qui fut inspecteur général de la cavalerie française, gouverneur de Strasbourg). Son arrière-grand-père, le célèbre baron Antoine-Balthazar-Joseph (1759-1825), était représentant de la noblesse de Provence aux états généraux de 1789, président de l'Assemblée Constituante en 1791, plus tard ministre de l'Intérieur sous Louis XVIII. Cette très ancienne famille est originaire de Provence et remonte au x° siècle.
Par sa mère, fille du marquis de Valfons, ancien député du Gard, M. le baron d'André est le descendant du marquis Charles de Valfons (1710-1786), lieutenant-général de l'armée française, dont les Mémoires furent publiés à Paris au milieu du siècle dernier.
Le frère aîné de M. le colonel d'André, le vicomte Maxime-Balthazar, remarquable officier supérieur de la cavalerie française, sert actuellement à la frontière de Lorraine (1).
M. Félix d'André fut reçu à l'École spéciale militaire de Saint-Cyr en 1887. A la sortie, en 1889, il était nommé sous-lieutenant d'infanterie au 100° régiment; puis, en 1891, lieutenant au corps. Envoyé, l'année suivante, à l'école de tir de la Valbonne, il était, en fin de cours, classé 6° sur 72 lieutenants élèves et cité au *Bulletin Officiel* du ministère de la Guerre. Il accomplissait alors un voyage d'instruction au Tyrol, en Autriche, Pologne, Hongrie, etc. Attaché, en 1893, à la Section historique du ministère de la Guerre, il rédigeait l'*Historique de son régiment,* travail qui lui valut une lettre de félicitations du ministre de la Guerre.
En 1895, nommé substitut du commissaire du Gouvernement et du rap-

----

(1) Il devait être mortellement frappé à la tête de son régiment, le 5° chasseurs à cheval, au combat de Bixschootte, le 2 novembre 1914.

porteur près le Conseil de guerre du 16e corps d'armée, à Montpellier, il prenait ses inscriptions de droit à la Faculté de cette ville.

En 1896, M. le baron d'André inventait le *clipsomètre* et publiait son ouvrage : *La Rasance des terrains avec le clipsomètre,* où il donne l'explication scientifique de cet appareil dont le but est d'adapter judicieusement les faisceaux de trajectoires du fusil et de la mitrailleuse au terrain, de façon que les mêmes projectiles, après avoir atteint la chaîne de combat, aillent frapper également les lignes en arrière. Cette invention valut à son auteur une lettre de félicitations du ministre de la Guerre, une mise à l'ordre du jour de la 63e brigade d'infanterie, la médaille d'or, hors classes, de la Société de Topographie de France et le prix d'honneur remis par M. le ministre de la Guerre, à la Sorbonne de Paris, en séance solennelle du 21 janvier 1899, le premier prix de l'Académie des Sciences de Toulouse, etc. En outre, M. le général Bertrand faisait au lieutenant d'André l'honneur d'une conférence militaire sur son invention et l'École centrale de tir de Madrid consacrait des cours à l'étude du « clipsomètre ».

Nommé au choix capitaine au 30e régiment d'infanterie (alpins), à Annecy, le 12 juillet 1899, il fut, l'année suivante, nommé membre de la Mission militaire française au Pérou. Avec le grade de lieutenant-colonel, il prenait à « l'École militaire de Chorrillos », le commandement de la section d'infanterie et la direction des études de la division supérieure. Il rédigeait alors les règlements d'infanterie : *Morale militaire, Manuel du fantassin, École de compagnie, École de bataillon ;* cette dernière œuvre comprenant tout le *Service en campagne* dont l'enseignement théorique fut très judicieusement donné sur la *Table de démonstration pratique,* qui retint l'attention du général Körner, chef d'État-major de l'armée chilienne, lors de la visite de ce grand chef à Chorrillos. En outre, M. le baron d'André rédigea les *Méthodes d'instruction du tir* dont l'application produisit d'excellents résultats, tant dans l'armée que dans les sociétés de tir.

Il a épousé, le 15 juin 1902, Mlle de Althaus, fille de M. Émile de Althaus, membre prééminent de la société et nièce du colonel Auguste de Althaus, attaché militaire du Pérou à Paris, officier de la Légion d'honneur. Le grand-père de Mme la baronne d'André, le célèbre général baron de Althaus, vint, à la chute de Napoléon, au Pérou, servir la cause de l'Indépendance sud-américaine, en qualité de chef d'état-major de l'armée patriote qui se forma à Aréquipa. Elle est, par sa mère, petite-fille du grand amiral de Guise, de famille ducale, qui mourut au siège de Guayaquil, sous le pavillon péruvien. De cette union sont issus deux fils : Balthazar-Maxime et Joseph-Antoine (1), et deux filles : Suzanne et Marthe.

Promu colonel en avril 1903, M. le baron d'André prenait, par intérim, le commandement de l'École militaire de Chorrillos. Le 22 mars 1904, il fondait, sous les auspices de M. le général Muñiz, l'actuel ministre de la Guerre, l'*École nationale de tir,* en arrêtait le programme d'instruction théorique et pratique, des officiers et des sous-officiers, et en rédigeait tous les cours : *Balistique intérieure et extérieure, Armement, Méthodes d'instruction, Télémétrie et appréciation des distances, Effets des feux et direction du tir,* etc.

A cette époque, il inventait l'*indicateur du tir efficace* et la *cible tombante*

---

(1) Un troisième fils, Pierre, naissait en janvier 1914.

automatique et préconisait la création, au Pérou, de l'*Infanterie montée*, projet actuellement en voie d'exécution. D'autre part, M. le baron d'André s'occupait de réglementer le *Tir national*, œuvre immense, animée du plus bel élan patriotique, qui a vu éclore plus de 150 sociétés comprenant environ 20.000 tireurs inscrits et 20.000 autres qui le seront incessamment.

De retour en France avec l'autorisation du Gouvernement, le 12 juillet 1905, M. le baron d'André se consacrait avec ardeur à l'étude de toutes les innovations réalisées en matière militaire. Dans ce but, il se faisait recevoir à « l'École normale de tir du camp de Châlons », au « cours spécial », réservé aux futurs professeurs et directeurs des écoles régionales de tir de France (unique promotion de 1906), puis était admis à suivre le « cours pratique de tir de l'artillerie de campagne », de Poitiers (2e promotion de 1906).

Rentré au Pérou, le 5 juillet de la même année, M. le baron d'André fut nommé *instructeur-inspecteur de l'infanterie péruvienne*. Il prenait, pour la seconde fois, le commandement de l'École militaire de Chorrillos, puis abandonnait ce commandement pendant une courte période (du 3 novembre au 25 décembre 1906), pour s'installer à Jauja [3.500 mètres (1) d'altitude], où il s'occupa de créer, pour la première fois au Pérou, un régiment d'infanterie à trois bataillons, avec lequel il donna l'instruction militaire intensive pendant trois semaines à mille surnuméraires des hauts-plateaux. Puis il dirigeait, pendant une quatrième semaine, des manœuvres de brigade mixte avec 2.272 hommes, 190 chevaux, 245 mulets, 10 canons de montagne, 10 mitrailleuses. Cette expérience fut répétée, l'année suivante, en novembre et décembre 1907. M. le baron d'André constituait, alors, au bivouac de Chorrillos et au camp de Cascajal, une brigade d'infanterie de sept bataillons (y compris le bataillon universitaire) à laquelle il donna de nouveau l'instruction militaire intensive pendant trois semaines ; puis avec cette même brigade, il dirigeait des manœuvres à double action avec une division mixte de 5.500 hommes, composée de deux régiments d'infanterie, deux escadrons de cavalerie, deux groupes d'artillerie de montagne et un de campagne et les services du génie, de l'intendance, santé, vétérinaire, télégraphie, etc.

C'est en 1908 que M. le colonel d'André prit le commandement de « l'École supérieure de guerre », à Bellavista ; il y dirigea les études de la 2e promotion, enseignant le cours de *Tactique générale* et celui d'*Infanterie* et rédigeant, d'après les cours de l'École supérieure de guerre de France, ceux de *Stratégie*, d'*État-major en campagne* et d'*Administration* en temps de guerre.

Ses travaux, au cours de l'année 1909, sont également très remarquables ; il a établi la *carte stratégique du Pérou* et rédigé un *Projet d'organisation militaire du Pérou et de mobilisation de ses troupes*, qu'il compléta par des *Appendices* contenant tous les projets qu'il avait eu jusqu'alors l'occasion de rédiger, se rapportant à la défense militaire du Pérou. Puis, avec la permission du Gouvernement, il rentrait en France, le 13 avril de la même année.

Après avoir suivi en septembre 1909, les manœuvres du 11e corps d'armée en Bretagne, il se faisait admettre, en novembre, à l'École spéciale aéronautique de France (2), de création récente à Paris. Ses études nouvelles lui ont inspiré un livre qui est actuellement sous presse, concernant la *Mitrailleuse aviatrice* (Chapelot, édit., Paris). Cet engin de son invention est appelé à

---

(1) 3.241 mètres d'altitude, chiffre rectifié.
(2) « École supérieure d'Aéronautique et de Constructions mécaniques » (1re promotion. 1909).

rendre d'inappréciables services pour assurer la défense de contrées telles que le Pérou, où la rareté des communications rend particulièrement délicate la question du transport de l'arme à feu par voie de terre, tandis que, dans ces mêmes régions, le calme absolu de l'atmosphère et la constance du vent seront toujours de précieux auxiliaires pour l'aviation.

Ce sont toutes ces heureuses dispositions, prises par M. le colonel d'André, qui ont permis au Pérou, lors de son récent différend avec l'Équateur, de mettre rapidement sur pied une petite armée de 20.000 hommes parfaitement instruits (dont la rapide concentration aux frontières menacées devait bientôt empêcher le déclenchement de la guerre fratricide, près d'éclater au Sud-Amérique).

De retour d'un congé en France, M. le colonel d'André était en mer, lorsque, le 3 avril 1910, les légations et consulats du Pérou, à Quito et Guayaquil, furent, en effet, lapidés par la foule. Son arrivée fut célébrée avec enthousiasme par les journaux du Pérou et les sociétés de tir lui préparèrent une splendide réception. Les périodiques étrangers eux-mêmes ne manquèrent pas de souligner l'importance de ce retour en de telles circonstances. Un journal illustré chilien, le *Zig-Zag*, ajoutait à l'intéressante série de portraits des présidents de la République, ministre des Affaires étrangères et de la Guerre, chefs d'état-major du Pérou et de l'Équateur, qu'il publiait comme actualités, le portrait du baron d'André réformateur de l'armée péruvienne (*Zig-Zag*, 9 avril 1910).

Acclamée au Callao, le 29 avril 1910, l'arrivée du baron d'André donnait lieu, le même jour, à Lima, à une importante manifestation de la part des sociétés de tir qui tinrent à offrir à leur fondateur un défilé d'honneur (1).

Le 3 juin suivant, le Président de la République remettait au « bataillon des tireurs nationaux » formé par le Tir national à Lima, le drapeau, emblème de l'institution. Cette cérémonie motiva une fête patriotique des plus significatives. A cette occasion, tous les journaux du Pérou commentèrent élogieusement une fois de plus l'œuvre du baron d'André.

Cette fête fut qualifiée d' « apothéose du colonel d'André » par l'*Imparcial* dont voici quelques lignes extraites de son numéro du 4 juin 1910.

Le colonel d'André, âme du Tir national, doit être satisfait de voir que sa persévérance et ses efforts pour l'œuvre que d'aucuns traitaient d'utopie, lui ont valu de convertir celle-ci en une merveilleuse réalité, constituant, en ce moment, l'objectif principal de toutes les espérances nationales.

La Patrie reconnaissante inscrit, aujourd'hui, dans le cœur de ses fils un sentiment d'intense gratitude pour ce noble étranger qui a pris tant de soin des intérêts du pays, de même que, en son temps, elle a su glorifier la mémoire de ce bon patriote, Manuel-Maxime Salazar, qui a partagé avec le colonel d'André les amertumes et les triomphes de cette grande œuvre acclamée aujourd'hui par le Pérou tout entier.

D'autre part, le 19 mai 1910, la *Ilustración Peruana* a publié, en première page, le portrait, accompagné d'une biographie, du colonel d'André.

Depuis plusieurs années, les principaux journaux sud-américains : le *Comercio*, de Bolivie ; le *Mercurio*, de Valparaiso ; le *Ferro-Carril*, de Santiago ; la *Nación* et la *Prensa*, de Buenos-Ayres, ont attiré l'attention du

---

(1) En défilant et en chantant la *Marseillaise* sous les fenêtres de son hôtel.

public sur la reconstitution de l'armée péruvienne et sur l'œuvre accomplie au Pérou par M. le colonel d'André. Elle peut se résumer ainsi :

1° *Mettre d'abord l'École militaire à hauteur des progrès modernes, de* façon à constituer, de suite, une base pour les réformes nécessaires à la réorganisation de l'armée ;

2° *Passer ensuite de l'École à l'armée*, en remettant aux mains de la mission française : l'état-major, d'une part, l'instruction et l'inspection des troupes, de l'autre ;

3° *Passer enfin de l'armée à la nation*. A cet effet, transformer la caserne et l'école, civiliser l'Indien en le moralisant et l'instruisant, puis, répandre l'instruction militaire dans la masse : d'une part, par *l'appel des deuxièmes portions des contingents* qui échappent à la conscription militaire et, d'autre part, par la création de nombreuses *sociétés de tir* répandues sur l'ensemble du territoire et régies par des règlements bien conçus.

Ce programme a été parfaitement bien exécuté en tous points et M. le baron d'André, en moins de dix ans, a vu ses espérances réalisées. Successivement directeur de l'*École militaire de Chorrillos*, fondateur et directeur de l'*École nationale de tir*, puis directeur de l'*École supérieure de guerre*, à Bellavista et créateur enfin de l'*École d'aviation de Lima* (1), il a préparé avec un soin judicieux la jeunesse militaire du Pérou au grand rôle régénérateur auquel elle était nécessairement appelée dans une nation jeune.

La mission initiale, dévolue à l'École militaire dans la nation, étant accomplie, M. le colonel d'André s'occupa de l'armée. Là, encore, son rôle fut admirable. Dès 1900, il chassait les « rabonas » (2) des quartiers. Comme *instructeur et inspecteur de l'infanterie*, il rédigea tous les règlements techniques : *Tir* et *Tactique*, mit sur pied et commanda successivement, ainsi que nous l'avons dit, un régiment à trois bataillons (2.500 hommes) en 1906, à Jauja, et une brigade de deux régiments à sept bataillons (5.500 hommes) en 1907, au bivouac de Chorrillos et au camp de Cascajal, dirigeant chaque fois des manœuvres à double action avec les trois armes et des opérations militaires, dont tous les journaux étrangers, — notamment à Paris, l'*Illustration* (numéro du 8 avril 1908) — ont publié les remarquables résultats. Chaque fois, l'instruction militaire *intensive* était donnée, pour un mois seulement, à des surnuméraires qui, après examens, acquéraient leur galon de gradé de réserve à la fin de leur première période, et leur grade d'officier de réserve après une deuxième période.

Après avoir édifié une œuvre qui mettait aux mains du pays des armes défensives, le rendant apte à contracter désormais les alliances nécessaires au maintien du grand principe de l'arbitrage et assurant la paix du continent sud-américain, M. le colonel d'André poursuivait la tâche généreuse qu'il s'était imposée et la complétait par une œuvre essentiellement défensive : le

---

(1) Avec, pour pilote-chef, l'aviateur péruvien Biélovucicas qui, sur biplan Voisin, moteur Gnome, 50 H-P, lui donna le baptême de l'air, à Lima, le 22 janvier 1911, et qui, à son retour en France, répéta l'exploit accompli en 1910 par l'aviateur péruvien Georges Chavez (cousin du colonel Félix d'André) en franchissant derechef les Alpes, en 1913.

(2) Femme à soldats, chargée d'alimenter un ou plusieurs hommes dans la promiscuité desquels elle vit à la caserne. Vaillante, au demeurant, portant sur son dos, durant les marches, en plus de son enfant, le sac de son mari ou de son amant. En réalité, sujet à immoralité et indiscipline. On s'étonne, en Sud-Amérique, de l'engouement, naïf, manifesté en France, pour les « rabonas » des troupes sénégalaises.

Tir national. Son but est de propager dans la nation l'instruction militaire intensive et de veiller à la *défense de la Quebrada* péruvienne.

Artisan de la guerre, M. le baron d'André est surtout un apôtre de la paix, un pacifiste dans toute la force du terme ; il s'est acquis des droits à la reconnaissance et à la vénération du Sud-Amérique et son œuvre immense est appelée à triompher tôt ou tard.

Ajoutons qu'il est inscrit au tableau d'avancement de 1909.

2° Quelques enseignements de la guerre. L'adresse prime la force, par le major A. CERF (*Revue Militaire Suisse*).

Numéro d'avril 1916.

Le *Tir pour Vaincre* du commandant d'André, écrit en 1914, est non seulement un éloquent plaidoyer en faveur du tir individuel, mais aussi une réfutation de bien des sophismes et préjugés qui ont cours dans l'opinion publique en matière de guerre.

C'est surtout une étude intéressante de la tactique du feu de l'infanterie. *Il me semble, dit le* général Cherfils, *que ce petit livre résume parfaitement ce que doit être la préparation complète de l'homme afin de donner le rendement le plus puissant à sa capacité du tir pour vaincre.*

— Voilà qui fera notre affaire, car je crois, avec le colonel Ardant du Picq, que : *le plus menu détail pris sur le fait dans une action de guerre est plus instructif, pour moi, soldat, que tous les Thiers et Jomini du monde, lesquels parlent sans doute pour des chefs d'États et d'Armées, mais ne me montrent jamais ce que je veux savoir, un bataillon, une compagnie, une escouade en action.*

Il vaut la peine d'examiner les idées du commandant d'André. Il y a là une source précieuse de renseignements dont nous pouvons faire notre profit.

Je constate que nombre de principes du commandant d'André et surtout ses conseils à l'adresse de ses concitoyens trouveraient chez nous une application immédiate. Je me permettrai donc de reproduire des extraits de son livre, de condenser parfois ses intéressantes idées et d'en faire le « leitmotiv » de mon étude.

. . . .

Le commandant d'André dit :

Tout provient de ce que l'on n'est pas arrivé à convaincre le fantassin de la nécessité d'être bon tireur. Pour singulier que le fait paraisse il est douloureusement exact. On a inculqué au fantassin le mépris du feu. A quoi bon travailler ? On aura toujours des jambes et du cœur pour bondir en avant ! Et va comme je te pousse ! Le canon nous appuie !... On n'ignore pas ce que ce laisser-aller nous coûta au début de la guerre !...

...Au point de vue du tir au but, le fantassin se croyait encore au temps de la poudre noire, à tel point que nombreux sont les auteurs qui ont osé écrire cette hérésie : « A la guerre on ne vise pas ! » Et d'autres ajoutaient : « Au combat il est préférable de ne pas viser. Le feu est ainsi mieux éparpillé... » A ces apôtres du scepticisme, le Transvaal a répondu. Eux, il est vrai, de répliquer aussitôt : « Mais le Transvaal ne signifie rien ! » L'actualité, en lettres de sang, leur démontre ce qui en est.

. . . .

— Les Français ont dû faire de dures expériences, chèrement payées au début de la guerre. Faut-il en conclure que, sur les champs de bataille, tout mouvement est désormais impossible et qu'il faille préférer la défensive à l'offensive ?

Que non pas !

Citons le commandant d'André :

On a osé dire : le tir paralyse le mouvement en avant. Le tir des mazettes, oui ! Mais celui des bons tireurs, non ! puisque ce dernier, faisant place nette devant les fusils, est irrésistible. Il est tout mouvement, au contraire...

Si notre homme — que nous voulons adroit au tir — va de l'avant, c'est d'abri en abri, non pas pour se protéger (mentalité défensive) mais pour mieux ajuster son coup de feu (mentalité offensive). S'il avance, c'est non pas pour faire peur à son adversaire et le faire fuir, mais pour être plus près, tirer mieux et plus juste, tirer plus vite et à coup sûr.

Peut-on demander une meilleure confirmation de la valeur des principes de notre règlement suisse ?

. . . .

Il est de moins en moins question, bien entendu, de nous abriter derrière de formidables et coûteuses *fortifications permanentes* qui, elles, ont fait une incontestable « faillite » en Belgique et en Pologne. Mais nous devons savoir nous plier aux nouvelles circonstances et les utiliser pour les besoins de notre cause. Il faut, de plus en plus, entraîner nos hommes dans le *maniement de leurs armes et des outils de pionniers.* Et, tout en continuant à leur inculquer la mentalité nettement offensive dont parle le *commandant d'André*, il est bon de les familiariser avec des principes de la défensive à outrance qui peut nous être imposée.

. . . .

L'artillerie, dit le commandant d'André, *fait toute la besogne et l'infanterie ne marche que quand celle-ci lui dit : « Madame est servie. »*

Une opinion très répandue veut que, seuls, les canons, gros ou petits, fassent de la besogne utile dans la guerre actuelle. A eux le monopole exclusif du feu ! Le fantassin serait, de plus en plus, relégué à l'acte du choc à la baïonnette et n'aurait plus que l'honneur d'être... cible ! Cette opinion, d'importation étrangère, trouve, hélas ! créance chez nous et passera bientôt à l'état de dogme dans certains milieux. Elle s'explique peut-être chez nos voisins de l'Ouest mais non au pays de Guillaume Tell.

Nous avons vu, en effet, que l'infanterie française s'était fait une mauvaise réputation dans l'emploi de son tir. Pendant ce temps, par contre, l'artillerie jouait un rôle extrêmement brillant et se créait une réputation justifiée. Quant aux fantassins, ils ne comptaient plus désormais que par *le nombre de leurs jambes et la longueur de leurs baïonnettes !* Les comparaisons ne manquèrent pas de se produire et l'on en tira les conclusions que nous connaissons. C'était inévitable, mais cela ne prouve rien. Le fantassin mauvais tireur manque de confiance en soi-même ; incapable, il s'en remet aux autres, canons, mitrailleuses, avions, etc., pour faire sa besogne. Après quoi il ne lui resterait plus qu'à bondir à l'assaut pour occuper le terrain ainsi déblayé. Cette nouvelle méthode de combat est par trop simpliste.

Pas de ça, mazettes ! s'écrie le commandant d'André. *Réduire le combat, désormais, à un duel d'artillerie, suivi d'une ruée de baïonnettes ! Non et encore : non ! Le dernier mot sera toujours à l'infanterie, celle des vrais fantassins, celle des vrais tireurs ! Que, parfois, dans les cas particuliers de la guerre de tranchées, par exemple, l'infanterie n'ait plus qu'à bondir pour donner le coup de bélier final, aussitôt que l'artillerie lui aura ouvert la brèche, rien de plus juste. Mais exciper de cette guerre de tranchées, très spéciale, pour en déduire la formule du combat de demain serait la plus dangereuse des utopies.*

C'est le bon sens même. L'artillerie accomplit sa besogne et non toute la besogne. Bouleverser les obstacles, barrer les issues du champ de bataille, en un mot, soutenir l'attaque de l'infanterie : voilà sa tâche. Pour cela donc, il faut des canons de tous calibres. En avons-nous ? Certainement, et de bons, avec lesquels nous pouvons faire de l'excellent travail. Et si les tout gros nous manquent, peut-être, nous croyons qu'au moment voulu la lacune serait bientôt comblée par ceux de nos voisins qui deviendraient fatalement nos alliés pour combattre l'envahisseur de notre territoire, quel qu'il soit.

Quant aux mitrailleuses, on ne saurait trop en multiplier le nombre. Il n'est pas inutile de faire observer que cette arme fait, elle aussi, partie de l'infanterie moderne.

Elle l'accompagne partout, utilise ses munitions, emprunte ses procédés de tir.

Pour être vraiment efficace, cette arme doit être confiée non pas à un gâte-munitions, mais à un tireur d'élite qui tire la balle ajustée. Ainsi comprise ce n'est pas autre chose qu'un fusil automatique perfectionné aux mains d'un bon tireur.

. . . .

C'est la baïonnette qui s'emmanche au fusil.... et non « l'inverse », a dit le commandant d'André.

On a également beaucoup exagéré, chez nos voisins, l'importance du combat à la baïonnette. Voyons ce qu'en pense le *commandant d'André.*

Il y a eu tendance, dans ces dernières années, à vouloir diminuer l'importance du feu de l'infanterie. Cette déplorable thèse n'a que trop souvent amené le fantassin à prendre son fusil pour un simple manche de baïonnette.

L'École qui propageait cette hérésie dans la nation a peut-être cru, cependant, par là, favoriser l'offensive. Faisons crédit à sa bonne foi, mais reconnaissons qu'elle a eu tort. Elle a fait, en réalité, œuvre néfaste.

L'escrime à la baïonnette avant le tir ? C'est une mentalité du bon vieux temps.

En 1913, le chroniqueur français de la *Revue Militaire Suisse* s'élevait contre la tendance, de plus en plus marquée, de considérer, en France, la baïonnette comme l'arme principale du fantassin.

Il paraît que, tout au début de la guerre, on vit quelques belles charges à la baïonnette, du côté français, s'entend. Mais, à ce qu'on dit, les expériences auraient été cruelles et... concluantes ! Il faut lire dans le *Tir pour Vaincre* comment les Allemands s'y prenaient pour frustrer la baïonnette de leurs adversaires et *amener la furia francese à donner dans le panneau qui lui était tendu. Un livre s'écrira, sans doute, après la guerre, sur ce sujet, pour relater ces faits que déjà ont racontés nos blessés !*

Et le commandant d'André s'écrie :

Quand donc ferons-nous confiance au feu de nos fusils ? Soldats, que faisions-nous de nos cartouches ? et, nous, chefs, que faisions-nous de nos soldats ?

. . . .

Un fantassin doit, avant tout, savoir *tirer* : mais, pour être vraiment complet, il doit aussi manier adroitement sa baïonnette et avoir la volonté, pour m'exprimer comme le lieutenant-colonel Montaigne : *d'aller la planter dans la poitrine de l'adversaire que son feu n'aurait pas démoli.*

En résumé, dit fort bien le commandant d'André, *il appartient à l'officier d'infanterie de se bien pénétrer de ces deux moyens d'action qu'il doit toujours avoir en main : le feu et le choc, de façon à savoir se servir à bon escient, au moment propice, de l'un ou l'autre ou des deux à la fois, suivant le cas.*

. . . .

Le journaliste, dit le commandant d'André, *ne voit souvent, d'un coup d'œil superficiel, que le rendement de la matière qui l'hypnotise. Il n'entend qu'une cloche !.... Il en arrive bientôt à n'attirer presque exclusivement l'attention du lecteur que sur le nombre et la puissance du matériel : bateaux, canons, dirigeables, force de destruction d'un nouvel explosif, etc. etc., — mécanisme et pyrotechnie — le tout pour faire pendant à la masse des effectifs, des corps d'armée à mouvoir, le « matériel humain », disent les Allemands, en un mot : la matière. Et c'est ainsi que l'opinion publique, trompée par la lecture quotidienne du journal à un sou, en oublie l'homme !*

Ces théories ne sont pas neuves. Elles reviennent périodiquement dans l'histoire, après avoir subi d'éclatants démentis.

Le célèbre écrivain militaire Ardant du Picq écrivait jadis ces paroles qu'on croirait datées d'aujourd'hui :

La théorie des gros bataillons est une théorie honteuse. Du plus petit au plus grand orateur, tout ce qui parle militaire aujourd'hui, ne parle que des masses. Et dans les masses, l'homme disparaît. On ne voit plus que le nombre : on oublie la qualité, et cependant, aujourd'hui, comme toujours, la qualité seule fait, en somme, l'action réelle.

. . . .

L'histoire fourmille d'exemples qui nous permettraient de prouver qu'en guerre la qualité a toujours fini par l'emporter sur la quantité. Les campagnes des grands généraux Alexandre, Annibal, César, Napoléon, les victoires célèbres des vieux Suisses, nos aïeux, qu'est-ce, sinon le triomphe éclatant de la qualité sur la quantité ? de David contre Goliath ? On m'objectera, peut-être, que les temps ont changé ; on me citera le sort tragique de la *Belgique*, de la *Serbie*, du *Monténégro*. L'objection a sa valeur, sans doute, mais des réserves s'imposent. La Belgique, était-ce bien la qualité ? On peut admirer, à juste titre, l'héroïque défense de ce petit peuple qui a dû lutter dans des conditions tout à fait défavorables. Ceux qui connaissent bien l'état des choses en Belgique, avant la guerre, vous diront que cette nation a été surprise en plein rêve pacifiste. Divisée par les querelles des Flamands et des Wallons, affaiblie par les doctrines des antimilitaristes, tout absorbée par son commerce et son industrie, la nation se croyait à l'abri derrière le rempart de ses forteresses.

Elle ne prêtait qu'une oreille distraite à ceux qui l'avertissaient du danger chaque jour plus menaçant. L'armée, peu populaire, méprisée presque, insuffisamment armée et organisée, devait pâtir de cet état de choses. C'est pourquoi on ne saurait trop admirer les exploits, la défense acharnée de cette armée belge, engagée dans une lutte inégale.

Quant à la Serbie et au Monténégro, ils ont été victimes de circonstances qui dépassent la limite des forces humaines. Il ne faut pas oublier que la Serbie a battu deux fois à plates coutures les Autrichiens bien supérieurs en nombre et les a rejetés au delà de ses frontières. On dit que ces deux campagnes présentent, à l'usage de notre pays, les plus admirables leçons de stratégie et de tactique qu'on puisse imaginer. Attaqués de toutes parts par de formidables voisins, trahis ou abandonnés par leurs alliés, ces deux pays ont fini par succomber, écrasés par la fatalité. Mais il est des *défaites qui honorent les vaincus et qui valent des victoires.* Nous en avons connu, nous autres, Suisses, à Marignan, à Saint-Jacques, etc. Les nations qui les subissent se relèvent plus fortes que jamais. Il faut espérer que ce sera le cas pour les vaillants petits peuples que je viens de citer.

. . . .

Toute troupe qui se resserre pour combattre est une troupe dont le moral faiblit, dit Ardant du Picq.

Napoléon, dans ses dernières campagnes, a, lui aussi, utilisé la tactique des masses qu'il condamne dans ses Mémoires.

Lorsque les bonnes troupes furent usées, explique à ce sujet Ardant du Picq, *lorsque les généraux ne crurent plus obtenir de leurs soldats des attaques solides en dispositions tactiques, ils essayèrent la masse, revinrent à la masse, qui est l'enfance de l'art, une sorte de moyen de désespoir.*

D'ailleurs, si l'on en croit le commandant d'André, les Allemands, en certaines occasions, pouvaient impunément se payer le luxe de faire dès attaques en masse. Même en formation serrée, plus on approche, moins il y a de danger d'aborder une troupe de fantassins qui pratiquent le tir à épouvantail, le tir à faire peur, qui expédient les balles au diable par-dessus la tête des assaillants.

Les Allemands en auront sans doute fait l'expérience et c'est pourquoi le commandant d'André conclut laconiquement :

Faut-il que l'ennemi fasse peu de cas de notre feu d'infanterie pour avoir osé aborder nos poilus dans d'aussi vulnérables formations !

Dans ces conditions, des attaques en formations même quelconques ne pouvaient que réussir.

Opposez, au contraire, à ces vagues humaines quelques tireurs calmes, sûrs d'eux-mêmes, des mitrailleuses pointées par des hommes d'élite et de sang-froid, c'est la destruction instantanée de la masse, la victoire immanquable, complète, de la qualité sur la quantité ! Il n'y a pas de meilleure démonstration de la valeur du tir de précision, du tir à tuer, ou, pour me servir d'une heureuse expression du commandant d'André « du *tir rédempteur* qui rend le *faible* égal au *fort* ».

Numéro de mai 1916.

Ceux qui auront entendu siffler des balles à leurs oreilles, dit le comman*dant* d'André, *ceux qui auront vu la mort de près, ceux qui, pour avancer ou simplement tenir en place, se rappelleront n'avoir pu le faire qu'en mettant toute leur confiance dans les gros mortiers des camarades artilleurs — car ils n'avaient aucune confiance en eux-mêmes — ceux-là sauront (ils le savent déjà) ce que nous allons leur dire.*

Voilà des gens convaincus, en effet, de la nécessité pour un pays de posséder, enfin, le citoyen-soldat sachant se servir excellemment de son fusil, notre tirailleur d'élite et tireur plutôt que tirailleur.

Faisons notre profit de pareils enseignements. N'attendons pas, pour les méditer, que les balles « sifflent à nos oreilles ». Nous ne saurions trop nous convaincre de cette vérité. *La supériorité du tir de nos soldats est, plus que jamais, le secret de notre force, le critérium de la valeur de notre armée suisse.*

Cette supériorité, nous l'avons peut-être déjà, mais nous la voulons plus grande encore. Comment y arriver ? C'est ce que nous verrons plus loin. Et quand nous aurons obtenu une avance marquante dans ce domaine, nous serons en droit de parler, nous aussi, de *tir rédempteur.*

Rédempteur, non seulement à cause de son efficacité sur l'ennemi éventuel, mais aussi, mais, surtout, à cause du sentiment de confiance, de force et d'invulnérabilité qu'il mettra au cœur de nos soldats.

Notre peuple, avec son grand bon sens, a toujours eu l'intuition que c'était dans l'art du tir, ce sport national qu'il aime et pratique avec passion, que résidait le secret de sa force. Ce goût traditionnel de la nation pour le tir de précision est d'une grande valeur éducative, car il développe et entretient au plus haut degré l'*esprit guerrier.*

. . . .

Nous voulons un tireur, un tireur de combat, adroit, brave et discipliné, un soldat, en un mot, *animé au plus haut degré de l'esprit guerrier et imprégné jusqu'à la moelle du véritable esprit militaire.* Alors, mais alors seulement, nous posséderons le soldat complet, le « combattant idéal » préconisé par le commandant d'André. Ce tireur de combat, ce soldat idéal, voyons comment on peut le former.

. . . .

À l'ouvrage ! La tâche est belle et féconde en résultats. Profitons du facteur temps qu'aujourd'hui nous réserve, car nous ne savons de quoi demain sera fait. *C'est la plus importante leçon pratique à tirer des expériences de la guerre,* celles que le commandant d'André formule en ces termes : *Si après la rude leçon de la guerre actuelle, la France entière ne se met pas au tir, si chacun de nos concitoyens n'apprend pas à se battre, voulant, à l'avenir, savoir se servir de ses armes un peu mieux qu'il ne l'a fait en 1914, c'est que, réellement, dans notre peau, le vieux renard ne veut pas mourir.*

. . . .

Le tir sur cibles à zones, dit le commandant d'André, *est un apprentissage, un expédient. Ce n'est pas une fin, mais un moyen. Le tireur de combat n'a que faire de toujours taper dans des cercles, à moins qu'il ne s'imagine que la guerre consiste à percer des marmites ou crever des tambours !*

. . . .

Il faut bien se convaincre, dit le commandant d'André, *que, de même qu'un cavalier qui ne saurait pas monter à cheval ne pourrait prétendre à l'honneur d'être cavalier, de même le fantassin qui ne sait pas tirer ne peut prétendre être fantassin.*

. . . .

D'après Démosthène : l'homme de guerre habile ne suit pas les événements, il les devance.

Demain, dit le commandant d'André, *le tireur sera doté d'un fusil auto-*

matique, qui évitera le dépointage de l'arme. C'est dire que l'ère des tireurs d'élite va commencer. A eux l'avenir. Préparons-nous à leur action dès maintenant.

Le commandant d'André écrivait ces lignes en 1914. Le *demain* est devenu aujourd'hui. Ceux qui pourraient en douter n'ont qu'à lire les intéressants renseignements que publie le journal scientifique français *La Nature*, numéro du 5 février 1916. Les fusils automatiques et les fusils mitrailleurs sont utilisés de part et d'autre par les belligérants et leur emploi se généralise de plus en plus.

(Suit l'idée du *Tir pour Vaincre* de doter les tireurs d'élite de fusils mitrailleurs.)

On pourrait leur (les tireurs de ces armes) adjoindre des porteurs de munitions, hommes ou chevaux, ou des camarades de combat dans le genre de ceux que préconise le commandant d'André. Bref, j'estime qu'il y a là d'urgentes innovations à examiner et à exploiter.

· ·

J'estime qu'il est du devoir de nos autorités militaires fédérales de favoriser à nouveau la collaboration de nos tireurs volontaires, quitte à la réglementer, au besoin. *Maintenons toujours à l'étiage voulu, a dit le* commandant d'André, *ce réservoir de forces qui constitue, pour un pays, l'ensemble, sans cesse au point, de ses tireurs d'élite.*

· ·

Le commandant d'André critique vertement le concours où l'on utilise uniquement des cibles aux divisions multiples, aux degrés compliqués où la chance joue un rôle aussi grand que l'adresse puisqu'on feint d'ignorer la dispersion naturelle de l'arme. Il prétend, et avec raison, que des tirs de précision dans lesquels on classe « les balles au millimètre à 300 mètres de distance » sont souvent néfastes, car ils découragent *les débutants qui se sentent incapables de lutter contre les virtuoses de la ligne de mire, les vainqueurs de la visée savante sur cercles concentriques. Le reproche est fondé.*

Je signale en outre, à la méditation de mes camarades tireurs, les observations judicieuses que fait le commandant André, à propos de *l'écart probable* que nous appelons, nous, *la dispersion naturelle de l'arme.* On n'en a pas assez tenu compte jusqu'à présent.

V

LA PRESSE

(Extraits de journaux.)

1° *Le service militaire à court terme sanctionné par la pratique*, par M. le lieutenant-général DEJARDIN (*L'Indépendance Belge*, du 25 février 1912).

I — Rétroactes de la question.

· ·

En 1901, j'étais profondément convaincu que nous ne saurions, avec une telle armée de mercenaires, défendre honorablement la Belgique. Certes nous ne sommes pas maîtres des événements ; un peuple peut succomber dans une tourmente provoquée par la lutte des intérêts économiques ou les haines ancestrales des nations ; mais, ayant accompli tous ses devoirs, ayant montré sa vaillance et son abnégation jusqu'au sacrifice, un peuple ne peut mourir, il est respecté, il se relève dans la défaite et grandit même dans l'opinion.

Persuadé que le volontariat montrerait vite son impuissance, surtout en Belgique, où l'industrie, l'agriculture et le commerce pouvaient occuper tous les bras et toutes les intelligences, et l'enquête de 1908-1909 en a démontré les tristes résultats, je recherchai quelles pouvaient être les conditions pratiques qui permettraient d'introduire chez nous le service général sans exiger trop de sacrifices des citoyens ni une trop grande augmentation de dépenses.

II — Qualités du soldat moderne.

. . . .

Au point de vue militaire et social, il faut développer les forces actives et intellectuelles du peuple par l'instruction obligatoire et la gymnastique rationnelle et progressive.

Mais il est une autre force indispensable au soldat moderne pour tenir ferme dans le combat, c'est la force morale qui ne peut naître et se développer que par le sentiment patriotique que saura inspirer l'instituteur, et surtout par la confiance que donne à l'homme le développement de ses forces physiques et son habileté dans l'emploi de ses armes.

Or, pour que le fusil à tir rapide donne toute sa puissance, il faut qu'il soit entre les mains d'un tireur adroit et intelligent et, pour obtenir cette qualité indispensable sans laquelle le fusil perfectionné est plus nuisible qu'utile, il faut s'y prendre dès l'adolescence ; c'est à partir de l'âge de seize ans que les jeunes gens doivent être exercés au tir jusqu'à l'âge de vingt-cinq ans et même de trente ans, si c'est possible. On l'a tellement compris que, dans les projets de loi en France et en Italie, on voit figurer l'âge de seize ans comme le début des exercices de tir.

Ayant confiance dans son adresse, le soldat restera calme dans le combat, fera un emploi judicieux de ses munitions, comprendra les indications des chefs et marchera avec sûreté vers le but à conquérir.

III — Applications diverses.

Ce sont ces réflexions, l'expérience acquise pendant ma carrière, l'étude des législations militaires des pays se trouvant dans notre situation et surtout l'armée suisse, dont le général Langlois a fait l'éloge et que prochainement l'empereur d'Allemagne ira visiter, qui m'ont amené aux propositions que déjà j'ai présentées en 1901. C'est l'éducation militaire de la Suisse appliquée à notre vie, à notre situation ethnologique, politique et sociale, et que je résume :

Préparation militaire par l'école primaire obligatoire, la gymnastique progressive et les exercices de tir dès l'âge de seize ans.

Dans un grand nombre de publications j'ai développé mes idées, je n'y serais plus revenu si les articles de M. Ludovic Naudeau, dans le *Journal*, notamment celui du 18 janvier, n'avaient provoqué les réflexions d'un officier supérieur français, le chef de bataillon d'André, qui servit onze ans au Pérou, avec le grade de colonel, et a accompli dans ce pays des œuvres très remarquables et comme instruction militaire à court terme, et comme organisation du tir national. Je crois utile de faire connaître quelques passages de la lettre qu'il a bien voulu m'adresser :

AU PÉROU

« Laissant de côté, m'écrit mon honorable correspondant, votre projet de création d'une région fortifiée B-A, qui intéresse au plus haut point les destinées de la Belgique, je m'attache surtout aux deux points suivants : Votre innovation du service général à court terme et l'intérêt capital que vous attachez au tir.

« Avec juste raison vous dites, mon général, qu'on ne forme pas en deux ans un soldat qui n'a pas été préparé dès l'enfance; l'instituteur doit donc développer chez l'adolescent le culte de la Patrie, des moniteurs doivent en faire un gymnasiarque en même temps que des instructeurs spéciaux en font un tireur redoutable.

« Quatre années de tir avant d'arriver au régiment et là un service militaire à court terme, avec des règlements simplifiés, est un système infiniment préférable au service de longue durée où la question tir est négligée comme elle l'est, hélas, dans presque toutes les armées européennes. Or, ces idées, mon général, logiques s'il en fut, ont déjà à leur actif la sanction de l'expérience.

« Elles ont été, en effet, appliquées, par moi-même, avec un succès qui a dépassé toutes mes espérances, sur une terre d'essai, intéressante entre toutes, le Pérou.

« En ma qualité d'instructeur en chef de l'infanterie péruvienne et de réorganisateur de l'armée, ayant passé onze ans au Pérou, j'ai eu justement l'occasion de faire de l'instruction intensive à court terme et de propager dans la masse du pays la diffusion de l'enseignement du tir de guerre.

« Au point de vue tactique, j'ai, par deux fois, donné l'instruction intensive aux deuxièmes portions du contingent échappant à tout service militaire.

« Cette instruction, restreinte au delà du vraisemblable pour des raisons budgétaires, comportait trois semaines d'instruction seulement, où la recrue passait de l'école du soldat à l'école de brigade incluse et une semaine d'application consacrée, sous ma direction, à des manœuvres à double action, avec changement de cantonnements et de bivouacs après chaque journée de combat.

« La première expérience fut faite en 1906, sur les hauts plateaux, à 3.241 mètres d'altitude, avec une brigade de 2.500 hommes indiens de ces régions.

« Elle réussit si bien, malgré des difficultés sans nombre, que je dus la recommencer en 1907, en mettant sur pied, dans les terres chaudes de Lima, une brigade de 5.500 hommes.

« Au bout de treize jours d'instruction mes troupes, sans laisser un traînard, faisaient une étape de 31 kilomètres, avec équipement complet. Au tir, elles obtenaient 30 % à la fin de la troisième semaine. En fortification elles faisaient des tranchées de nuit; au service en campagne, elles avaient pratiqué les fonctions des petits postes, de la pointe d'avant-garde, avec le rôle des patrouilles, des sentinelles et des éclaireurs. Enfin, pendant la quatrième semaine, les manœuvres étaient suivies par les attachés militaires étrangers.

« Vous voyez, mon général, combien vos idées de service militaire à court terme sont judicieuses, puisque, même réduites à leur plus simple expression (un mois), elles donnent des résultats appréciables.

« Quant à la question tir, capitale entre toutes, elle a fait l'objet tout spécial de mes soins.

« J'ai rédigé, à cet effet, un programme d'ensemble, qui a eu le bonheur de séduire l'opinion publique et m'a permis de créer le Tir National, ma grande œuvre !

« Lors de l'inauguration du Polygone municipal de Lima, 20 tireurs d'élite en une minute (cartouches à volonté), à 300 mètres, ont abattu 164 silhouettes tombantes d'hommes debout, sur un ensemble de 200, soit 82 %, et on pourrait citer de nombreux exemples semblables.

« Cette institution comptait au moment de mon départ du Pérou, en 1911, 150 sociétés et 20.000 tireurs, tous civils, nombre qui ne fait que croître !

« Chaque année un concours général classe dans tout le pays les tireurs en trois catégories (tireurs de première classe, tireurs d'élite et vétérans de tir). Chacune d'elles entraîne une série progressive d'honneurs et d'avantages fort appréciés. Bref, le succès est complet. »

Le commandant d'André a bien voulu me communiquer l'ensemble des règlements de tir du Pérou, comprenant le personnel des sociétés de tir reconnues par le Gouvernement, le matériel, l'instruction, la comptabilité, les concours annuels, les récompenses et gratifications et l'annuaire officiel du tir, le tout sous la direction de l'état-major général de l'armée ; ces instructions sont très remarquables. En Belgique, nous n'avons rien de comparable !

· ·

Conclusion.

Ces opinions si judicieuses, ces exemples, et bien d'autres en Europe que l'on pourrait citer, ne sont-ils pas de nature à convaincre le Gouvernement et les chefs de notre armée de la nécessité d'une réforme radicale de nos institutions militaires par une préparation adéquate dans nos écoles, une organisation générale du tir dès l'âge de seize ans et un service militaire à court terme ?

Il nous faut une armée d'au moins 300.000 hommes mobilisables en trois jours. Pour cela il faut faire appel à un nombre restreint de classes de milice ; dix classes de 33.000 à 35.000 hommes peuvent nous la fournir, mais elle n'est possible, tant au point de vue social que budgétaire, que par un service d'un an, dont neuf mois d'affilée sous les armes et quatre rappels de trois semaines pour les manœuvres d'application. Aujourd'hui, notre armée de campagne est formée de dix classes, par ce fait elle est lourde et peu mobilisable.

2° **Tir pour Vaincre**, par Spencer WILKINSON (*The Westminster Gazette* de Londres, du 22 octobre 1915).

Traduit de l'anglais.

Il y a un an, au commencement de la guerre, j'ai indiqué, dans plusieurs livres et articles de journaux, que le moyen de battre les Allemands était d'apprendre à nos soldats à bien tirer.

Nous avions eu précisément, alors, un exemple frappant de la valeur du tir, quand la petite armée que nous envoyâmes en France fut capable d'arrêter la ruée d'énormes masses allemandes par la seule puissance de son tir. Nos soldats d'infanterie avaient appris à tirer mieux que n'importe quelle autre troupe européenne. Mais il existait déjà une tendance, même entre les officiers de l'armée, à avoir plus grande confiance dans la baïonnette que dans les balles et à magnifier l'emploi de la première comme étant une arme plus noble.

Il y a quelques années, quand j'étais officier dans l'armée active, j'avais établi qu'un bon soldat doit posséder deux qualités : confiance en ses chefs et confiance en lui-même. La confiance dans les chefs naît et croît tout naturellement quand l'officier en est digne et elle est impossible dans le cas contraire ; la confiance du soldat en lui-même jaillit de la connaissance parfaite qu'il peut et doit avoir de son arme. Un homme auquel on a appris à bien tirer sait ce qu'il peut ou ne peut obtenir de son fusil ; il ne gaspillera pas ses balles inutilement et il ne sera jamais effrayé par la présence d'un ennemi, parce qu'il sait qu'il l'arrêtera de ses balles ; donner à l'homme cette certitude et la confiance en lui-même qui en découle, est le but premier de l'apprentissage du tir. Il y a quelque trente ans, un officier qui avait été blessé à Majuba Hill, et qui parlait, appuyé sur son expérience personnelle, publia une brochure sur l'instruction de l'infanterie. Son idée était que la mission de l'infanterie en guerre étant de tuer l'ennemi, c'était une erreur, en temps de paix, que d'employer trois cents jours de l'année en exercices et manœuvres et dix jours seulement à l'apprentissage du tir. Il pensait qu'il y aurait eu beaucoup plus d'avantage à faire faire aux soldats trois cents jours de tir. Son idée était saine à l'époque où il écrivit ; son application serait aujourd'hui d'une importance vitale parce que, durant les trente années écoulées depuis lors, le fusil s'est beaucoup perfectionné et sa puissance en a été considérablement accrue ; il envoie chaque balle deux fois plus loin avec une précision beaucoup plus grande et on peut tirer dix projectiles dans le même temps que l'on employait alors pour en tirer un seul.

Tout le monde est d'accord pour affirmer que la qualité maîtresse d'une armée est la discipline, mais après de longues périodes de paix, les gens s'occupant de choses militaires sont portés à croire que l'essence de la discipline consiste dans l'uniformité et dans la suppression de toute intelligence par la bureaucratie, tandis que discipline signifie instruction, s'obtient par l'instruction et pour les soldats dont le métier est de tirer — c'est-à-dire pour l'infanterie et l'artillerie — discipline signifie apprendre à toucher la cible.

Il y a quelques années, l'armée péruvienne eut un instructeur français, le commandant d'André, un croyant du tir.

Après plusieurs années de séjour au Pérou, pendant lesquelles d'André appliqua ses doctrines, le général allemand Körner, instructeur en chef de l'armée chilienne, se trouvant de passage au Pérou, rendit visite à d'André. Il demanda à celui-ci ce qu'il faisait comme tir.

— Vous allez en juger, répondit d'André.

Et il fit défiler un bataillon.

— Choisissez vous-même les hommes que vous voulez voir tirer devant vous.

Le général allemand choisit vingt hommes ; d'André avait un champ de tir réduit où les tireurs désignés trouvèrent un nombre égal de silhouettes mobiles représentant chacune un cavalier au trot à une distance de 400 mètres de la ligne de feu : mais auparavant les hommes firent le tour de l'esplanade au pas gymnastique avec leur chargement complet sur le dos et à leur arrivée au tir réduit, ils étaient en nage, le pouls battant fort et le souffle oppressé ; les tireurs s'abattirent devant les cibles et chaque homme toucha la silhouette au moins une fois, la moyenne des touches étant de trois.

— Vous savez que vous n'avez pas cela en France, dit alors le général allemand.

A quoi d'André répondit :

— Ni vous non plus en Allemagne.

Le commandant d'André, au commencement de la guerre actuelle, était à la tête d'un bataillon du 350e d'infanterie. Blessé deux fois très grièvement au commencement de la campagne et à peine guéri, il avait pris, le 17 mai, le commandement d'un bataillon au 172e. Son bataillon recevait, dans la nuit du 19 au 20 mai, l'ordre d'attaquer le bois d'Ailly.

Il a enlevé les cinq tranchées allemandes qui étaient son objectif. Pendant trois jours et trois nuits, les 20, 21 et 22 mai, le commandant d'André, avec une poignée d'hommes, a soutenu un véritable siège, entouré d'ennemis de toutes parts. Ses hommes étaient sans eau, sans vivres, sans grenades, réduits à boire leur urine.

Au soir du troisième jour les Allemands n'ont trouvé dans la fosse de la tranchée, transformée en un charnier, que quelques survivants parmi lesquels un officier supérieur dont la mort n'avait pas voulu.

Le lendemain, le général commandant l'armée bavaroise d'en face est venu au village de Saint-Benoît pour saluer le commandant d'André. Devant tout son état-major, il lui a donné une poignée de main solennelle en l'accompagnant de cette salutation : « Vous êtes un brave ! »

Au moment où il se remettait de ses premières blessures, le commandant d'André écrivit son livre exposant ses idées sur le tir ; ce livre a été édité par Berger-Levrault en un volume, qui porte le titre de *Tir pour Vaincre*. C'est de la préface de ce volume, préface signée par le général Cherfils, un des critiques militaires français les plus remarquables, que j'ai extrait les épisodes que je viens de narrer, concernant le commandant d'André. Je suis convaincu que le *Tir pour Vaincre* serait lu avec profit par nos officiers instructeurs de troupes. Le livre est long, plein de termes techniques et il ne sera pas assimilé sans un effort, mais il fera naître en eux un idéal qui mérite d'être recherché.

Un grand nombre des idées et des méthodes suggérées par le commandant d'André sont familières à l'armée britannique ; il recommande spécialement la pratique assidue du tir et spécialement celle du pointage. Je demande pardon aux lecteurs ne s'intéressant pas spécialement aux choses militaires, de traiter quelques points essentiellement techniques. Les méthodes modernes pour l'enseignement du tir préconisent l'emploi d'appareils tels que le correcteur du pointage et le triangle d'erreur tels qu'ils sont décrits dans les règlements d'instruction sur le tir.

Le commandant d'André voudrait voir chaque homme pratiquant journellement le pointage. Nos règlements établissent que quand chacun des côtés du triangle d'erreur dépasse un tiers de pouce, la recrue est notée comme devant poursuivre son instruction. Le commandant d'André considère qu'un homme n'est pas suffisamment instruit dans le pointage si son triangle d'erreur dépasse deux millimètres (1) de côté, c'est-à-dire moins d'un douzième de pouce.

Les discussions du commandant d'André sur les moyens de diriger et de régler le *tir rasant* des groupes d'infanterie ou de mitrailleuses sont fort intéressantes, quoique peut-être un peu trop risquées.

Il y a quelques années j'avais suggéré à mes élèves d'Oxford une méthode (2) qui consistait à rapporter sur le papier au moyen de lignes courbes à intervalles verticaux et à une échelle équivalente à celle de la carte la partie descendante des trajectoires d'une balle de fusil à différentes portées et de comparer le diagramme obtenu de cette manière avec les courbes de la carte indiquant la pente du revers d'une colline. Le commandant d'André propose une simplification de cette méthode en rapportant les intervalles horizontaux entre les courbes sur un instrument appelé le *clipsomètre*. Cette matière mérite peut-être l'attention des officiers de l'État-major impérial qui s'occupent spécialement du tir.

3° *La Dernière Tactique allemande. Son origine française,*
par le général CHERFILS (*Écho de Paris*, du samedi 6 juillet 1918).

L'Allemagne a tiré un enseignement, non seulement de l'insuccès des diverses offensives de 1915 à 1917, mais aussi de ses demi-succès des campagnes de Galicie en mai 1915, de Serbie et de Roumanie.

En laissant de côté le facteur corruption, qui a joué un rôle capital dans la stratégie de ces trois campagnes, elles ont été menées tactiquement à coups de gros canons. L'artillerie lourde y a été l'instrument de la progression des colonnes allemandes.

Celle-ci a été assurée, mais lente. Elle a marché à l'allure moyenne de 3 à 4 kilomètres par jour. Ce mouvement très ralenti n'a permis d'écraser ni les armées russes, ni les armées serbes et roumaines. L'état-major boche en a conclu que l'artillerie lourde n'était pas apte à une guerre de mouvement rapide, la seule qui peut produire la panique et la démoralisation. Il était mieux placé que nous pour faire cette observation puisqu'elle résultait d'expériences dont il avait souffert.

En outre, le preuve était faite et vérifiée après notre offensive du 21 mars 1917 que l'artillerie lourde, malgré son nombre et sa dispendieuse consommation de munitions, était incapable d'ouvrir une brèche dans les lignes de résistance de l'adversaire. Ces lignes présentaient trois et quatre positions successives fortifiées. Les dernières échappaient à la destruction du gros canon. Celui-ci ne parvenait même pas à démoraliser entièrement la première. Il fallait trouver autre chose. D'ailleurs l'obstacle n'est pas dans la défense matérielle et dans ses engins, il est dans le défenseur. Les gaz toxiques réussissent mieux à le supprimer.

Enfin le travail de destruction préalable par le gros canon qui dure une

---

(1) Erreur de traduction. Lire : « 2 centimètres » à 10 mètres de distance.

(2) Méthode incomplète puisqu'elle ne tient pas compte de l'angle de site (observation du commandant d'André).

semaine, supprime la surprise. Or celle-ci est la condition la plus essentielle du succès. Le Boche en est alors arrivé aux résolutions suivantes :

Pour surprendre, il réduira à quelques heures le bombardement préalable et il l'exécutera surtout avec des obus toxiques.

Il lancera immédiatement les vagues de ses bataillons d'assaut. L'infanterie reprend la première place. Le gros canon a fait faillite dans son rôle offensif; il détruit imparfaitement. Il est aveugle. Ses tirs de protection sont quelquefois meurtriers à ses propres troupes. Il n'accompagne pas et ne soutient pas l'infanterie dans sa marche.

Or si la première position est insuffisamment démolie, il ne faut pas que l'infanterie soit arrêtée par des nids de résistance. Elle doit être armée pour les démolir. Elle doit se protéger elle-même en rendant intenable le terrain sur lequel elle s'avance, en couvrant sa marche d'une voûte de balles. A cet effet, elle utilisera ses fusils jusqu'à leur portée extrême. Cette portée de 2.500 mètres fixe l'amplitude des bonds successifs des vagues d'infanterie qui se chevauchent à saute-mouton.

Les nids de résistance, les fortins, ne pouvant être anéantis par des balles de mitrailleuses, il faut y employer un obusier dont le tir courbe et à vue pourra être précis. Cet obusier d'accompagnement doit faire partie intégrante de l'infanterie, à la manière des crapouillots de tranchées, il est l'engin nécessaire pour assurer la marche de l'infanterie à travers les positions successives de la défense. Le gros canon limité a un emploi adéquat à ses aptitudes, protège les premières phases de l'attaque, en dominant l'artillerie de la défense et en interdisant à celle-ci de nuire à l'infanterie assaillante.

L'innovation de cette tactique réalisait une surprise. Les deux idées qui la caractérisent sont ainsi l'utilisation des balles jusqu'à leur extrême portée ; et l'emploi d'un obusier mobile accompagnant les fusils, les mitrailleuses et les canons de campagne légers.

Il est assez curieux de noter que ces idées sont d'origine française. Le commandant Félix d'André, l'inventeur de la *Mitrailleuse aviatrice* (Chapelot 1909), avait déjà demandé l'utilisation du fusil jusqu'à l'extrême portée de sa hausse et la pratique du tir de précision à grande distance. Il l'a encore réclamée dans le *Tir pour Vaincre* (Berger-Levrault, 1914).

L'obusier d'accompagnement a une paternité toute aussi française et plus officielle encore. En 1915, on a communiqué aux commissions parlementaires un rapport daté du 1er novembre, rédigé par le général Pétain, commandant la IIe armée. Ce rapport notait l'enseignement de l'offensive de septembre en Champagne. Il accusait déjà la faillite du gros canon dans son rôle offensif et mettait en lumière la nécessité de doter chaque unité d'infanterie d'une batterie de petits obusiers, afin de lui permettre de détruire les mitrailleuses ou autres engins qui se révèlent pendant l'assaut. Le général Langlois avait déjà demandé que l'infanterie fut dotée de pum-pums spéciaux.

Dans le même temps, un ingénieur civil des mines, M. J. Archer, publiait, après l'offensive de Champagne, une étude qui est restée confidentielle mais qui a été communiquée à l'Administration de la Guerre. Cette étude, intitulée *Vaincre c'est prévoir*, est pleine d'observations singulièrement justes et de vues lumineuses. Il y développe particulièrement l'insuffisance du gros canon dans la préparation des attaques, la nécessité de transformer le système de notre organisation défensive linéaire ; il accuse l'effroyable dépense des longs bombardements qui détruisent surtout la surprise, et l'utilité de doter l'infanterie d'un obusier, assez léger pour l'accompagner, assez puissant pour démolir, par un tir précis à courte distance, les obstacles matériels. M. Archer a même inventé un canon. J'entends bien qu'il n'est pas artilleur, ce qui est un défaut grave pour se permettre d'avoir une idée sur l'emploi de l'artillerie.

Ce que vaut le canon Archer je n'en sais rien. En tout cas, son idée valait quelque chose. Elle a été examinée par dix-sept commissions, ce qui n'a pas facilité sa réalisation. Quand un général ne veut rien faire, disait cet humoriste de prince de Ligne, il réunit un conseil de guerre. Quand la Chambre ou un ministre veulent enterrer une idée, ils nomment une commission.

Le canon d'accompagnement est, dit-on, enfin réalisé. Nous en aurons bientôt, sans doute, autant que le Boche, malgré l'avantage qu'il a pris sur nous.

Il nous a renvoyé l'idée d'André, l'idée Pétain, et l'idée Archer sous la forme de la surprise du 21 mars et du 27 mai 1918.

L'Allemagne prend nos idées et les applique, pendant que nous les laissons sombrer dans l'anarchie de nos administrations.

4° *Comment naissent les règlements*, par le général CHERFILS. (*Gaulois*, du lundi de Pâques, 5 avril 1920).

Les idées maîtresses qui donnent la vie aux règlements de l'armée sont secondées par l'expérience de la guerre. Les règlements, écrits dans la paix, sont couvés pendant la guerre. Cette vérité élémentaire vient d'être consacrée par un règlement récent.

Une guerre qui a duré près de cinq ans a présenté toutes les formes que peut prendre la lutte des armées, passant du mouvement à une stagnation spécieuse, puis reprenant son essor victorieux dans le mouvement. Elle est chargée de si fécondes leçons qu'il n'est pas inutile de prendre un peu de recul pour en dégager l'esprit.

Après 1870-1871, le premier règlement parut en 1875, fruit de plus de quatre ans de méditations. Il est à souhaiter qu'on n'apporte pas une hâte trop grande à faire les règlements de demain, même en estompant la prétention de leur doctrine avec le vocable modeste de « provisoire ». Il faut aussi que la préparation des règlements futurs, au lieu de se faire en des ateliers simultanés, présente une succession logique : qu'elle descende de l'ensemble au détail, de la conduite des armées à la tactique de la division, puis à la manœuvre de combat du bataillon et de la compagnie, jusqu'à l'instruction individuelle des spécialistes.

Le premier règlement tactique de l'infanterie vient de paraître, portant la date du 1er février 1920. Son introduction présente cette page curieuse :

Dans une armée qui doit ce qu'elle a de meilleur aux fortes leçons et aux belles traditions de ses anciens, il ne faut pas craindre de s'inspirer des textes qui les ont formés. A cet égard, le règlement du 12 juin 1875 mérite une attention particulière. Il a été rédigé par des officiers qui venaient de faire la guerre et il est très remarquable de voir inscrit dans ce règlement, en tête des principes généraux qu'il déclare être de véritables axiomes, l'importance prépondérante du feu comme moyen d'action. Cette vérité avait tellement frappé la Commission de 1875 qu'elle en avait fait le point de départ de toutes ses déductions ; elle est confirmée de la façon la plus éclatante par l'expérience de la dernière guerre. Les règlements qui

*ont suivi le règlement de 1875 — parce que les souvenirs de la guerre deve-
naient moins précis et que s'exerçait davantage l'influence artificielle des
expériences de polygone et des manœuvres sans tir réel — n'avaient pas
laissé à cette vérité la place prépondérante dans laquelle il convient de la
restaurer aujourd'hui.*

*Il y a de fortes raisons d'admettre que les règlements issus de la guerre
sont bien près de la vérité.*

*Dès maintenant le feu doit reprendre toute l'importance que lui avaient
attribuée, comme moyen d'action, ceux qui avaient vécu la guerre de 1870.
Après avoir énuméré les deux éléments dont la combinaison constitue la
manœuvre élémentaire d'infanterie, le feu et le mouvement, il convient
d'ajouter avec le règlement de 1875 :* l'action du feu est prépondérante.

*

Ce principe, un livre, écrit sur un lit d'ambulance en décembre 1914,
l'avait proclamé avec un accent prophétique : *Le Tir pour Vaincre,* du commandant d'André, paru chez Berger-Levrault. Ce livre, d'un annonciateur et
d'un visionnaire, avait été pensé bien avant 1914, appliqué dans un bataillon
du 150e à Saint-Mihiel (1), et préparé au Pérou pendant les dix années où le
capitaine d'André, chef de mission, a véritablement commandé l'armée péruvienne. Il a haussé son instruction à un point qui étonnait l'allemand Körner,
(chef d'État-major général de l'armée chilienne). Ce n'est pas un mérite
ordinaire pour un auteur que le règlement de 1920, consacrant l'enseignement
de la guerre, paraisse avoir été inspiré par les conclusions d'un livre d'avant
1914. Mais c'est d'une ironie un peu amère que son auteur se soit vu, avant
1914, refuser le commandement d'un bataillon de chasseurs à pied, avec ce
reproche : « Ne croit qu'au tir ».

Les idées directrices du nouveau règlement de 1920 sont exposées et mises
en lumière dans *Le Tir pour Vaincre,* qui, de ce fait, prend la valeur d'un
document prophétique. Le règlement consacre l'importance des armes automatiques, mitrailleuses et fusils mitrailleurs, et des engins d'accompagnement,
canons de 37 et mortiers Stockes. En outre, il établit l'organisation de ces
spécialités en unités distinctes. La 4e compagnie est une compagnie de
mitrailleuses à quatre sections. Chaque section a deux groupes, correspondant à ses deux mitrailleuses, avec en plus une troisième pièce en réserve.

Le bataillon ajoute à ses quatre compagnies une section d'accompagnement,
comprenant un canon de 37 et deux mortiers Stockes, dont un de rechange.
Or, *Le Tir pour Vaincre* avait déjà prévu la résurrection de la vieille idée
du canon de bataillon, sous la forme que consacre actuellement le règlement
avec ses sections d'accompagnement.

L'autre idée directrice de ce règlement est la constitution de la section
d'infanterie en *groupes de combat.* On en prévoit actuellement trois. Le groupe

---

(1) Ce 1er bataillon du 150e obtenait, au printemps 1914, au *concours régimentaire de tir,*
19 prix (dont tous les premiers et toutes les épinglettes) contre un total de 25 récompenses
attribuées au reste du corps ; puis il se classait le premier en *tir* de la brigade de Maud'huy,
classée, elle-même, cette année-là, la première en tir de France et, également, le premier aux
exercices physiques (gagnant, à lui seul, 6 prix, dont 3 premiers prix, sur 9 épreuves) au *concours sportif annuel* de la 40e division à Saint-Mihiel (général Hache), concours disputé entre
toutes les troupes de la garnison : 2 bataillons de chasseurs, 7 d'infanterie, 2 demi-régiments de
chasseurs à cheval et 3 groupes d'artillerie de campagne.

de combat se subdivise en deux équipes de cinq hommes chacune commandée par un caporal : l'équipe des « fusiliers », qui sert un fusil mitrailleur, et l'équipe des « grenadiers-voltigeurs », qui emploie la grenade à main, la grenade à fusil et la baïonnette.

Le groupe de combat est la cellule guerrière de l'infanterie moderne. Or, il a été exactement conçu et dans la même forme par le commandant d'André. Après avoir réclamé le *fusil mitrailleuse*, il propose pour l'infanterie une formation nettement offensive. Il compare la section future à une ruche ayant des *ouvrières* pour le gros de la besogne et des *abeilles-mères* choisies. L'abeille-mère, autour de laquelle est agrippé l'essaim, c'est le meilleur tireur du groupe armé du *fusil mitrailleuse* (sic). La répartition des fantassins, prévue par le *Tir pour Vaincre* en *tireurs*, armés du fusil automatique et groupés autour du fusil mitrailleuse, puis en *pionniers-piquiers* armés de carabines à répétition, d'outils, de piques et de grenades, ce sont les *fusiliers* et les *grenadiers-voltigeurs* actuels.

* *

Il est intéressant de savoir ce qu'a pu devenir l'auteur de ce livre prophétique. Sa vision géniale avait admirablement établi les données de la guerre de mouvement, en les basant sur les propriétés offensives du feu ajusté. Il était, en 1914, chevalier de la Légion d'honneur et chef de bataillon depuis quatre ans. Ses camarades de promotion commandent des corps d'armée ou des divisions. Lui, il est resté chef de bataillon et chevalier de la Légion d'honneur. Et cependant, ce fantassin génial, ce penseur inspiré, est en plus un héros. Félix d'André, du 150e (1), commandant un bataillon du 350e, a été blessé deux fois en septembre 1914, la deuxième fois très grièvement. A peine rétabli, il retourne au front le 16 mai 1915, marchant avec deux bâtons. Il y prend, par suite d'un faux aiguillage, le commandement d'un bataillon du 172e au 8e corps, alors qu'il devait aller commander le 372e dans l'armée Maud'huy. A peine arrivé au 172e, il est désigné pour attaquer, le 19 mai, le bois d'Ailly. Il se met en tête de sa compagnie de tête. Il enlève les cinq tranchées allemandes et occupe la corne nord-ouest du fameux bois. Mais son bataillon n'est pas appuyé. Pendant trois jours et trois nuits, d'André, avec une poignée d'hommes, soutient un véritable siège, entouré d'ennemis de toutes parts. Ses hommes étaient sans eau, sans vivres, sans grenades, réduits à boire leur urine. Au soir du troisième jour, les Bavarois n'ont trouvé dans la fosse de la tranchée, transformée en charnier, que quelques survivants, parmi lesquels un officier supérieur dont la mort n'avait pas voulu,

---

(1) La fourragère aux couleurs de la médaille militaire a été accordée au 150e R. I. et celle aux couleurs de la croix de guerre au 350e R. I. et au 172e R. I. (régiments auxquels appartenait le commandant d'André avant et pendant la guerre).

On sait qu'un monument a été inauguré par M. le général Maunoury, le 19 septembre 1921, à Saint-Soupplets, en l'honneur des combats de septembre 1914 auxquels a pris part le bataillon d'André (6e du 350e).

Un monument a été également élevé à Étrépilly pour évoquer les combats de septembre 1914 où le même bataillon a subi de cruelles pertes en s'emparant d'une section de mitrailleuses ennemies (trophée d'armes de la 56e division à la bataille de l'Ourcq).

Enfin un troisième monument s'élève au bois d'Ailly où le bataillon d'André (2e du 172e) a subi les tortures de la Tranchée de la Soif.

Honneur à nos morts !

malgré les audaces d'un héroïsme resté légendaire. Le lendemain, jour de Pentecôte, le général commandant le corps d'armée bavarois adverse vient en pleine église s'incliner devant d'André et saluer sa radieuse bravoure. Mais d'André est captif. Après deux ans de douleur, ce sera la Suisse, puis le retour, sans qu'il puisse obtenir de retourner se battre. Du moins, il a vu ses idées de visionnaire se battre pour lui et triompher pour lui.

Le général Pau a utilisé sa remarquable intelligence en le prenant comme second, dans ses missions d'Australie, de Nouvelle-Zélande et du Canada (1).

Dans quelques mois, atteint par la limite d'âge, ce précurseur génial et héroïque, digne de son frère (2) et digne de sa race, disparaîtra dans la nuit de la retraite, toujours chef de bataillon et toujours chevalier de la Légion d'honneur, et sans une seule citation. Il me permettra de mettre sur l'injustice d'un destin aussi cruel la fleur rouge de ma déférente admiration.

On décore justement des morts glorieux. Il est quelques morts vivants à qui cet honneur serait bien dû.

---

(1) Le 11 octobre 1918, à Melbourne, le commandant d'André (déjà *colonel de l'armée du Pérou*, depuis 1903) a eu l'honneur d'être nommé *colonel de l'armée australienne*, avec autorisation du Gouvernement français d'accepter ce grade et de porter ce titre.

(2) Le lieutenant-colonel, vicomte Maxime d'André, élève des Hautes-Études Militaires (promotion de 1914), lauréat de l'Académie Française, commandant le 5e régiment de chasseurs à cheval, mortellement frappé, à la tête de son régiment, au combat de Bixschootte, le 2 novembre 1914.

ÉPILOGUE

PIÈCES OFFICIELLES

1° Relevé des notes en 1918 et 1919 (1).

MISSION FRANÇAISE EN AUSTRALIE, NOUVELLE-ZÉLANDE ET CANADA (1918-1919)

Relevé des notes données à M. d'André Marie-Auguste-Albert-Félix, chef de bataillon au 13ᵉ régiment d'infanterie, officier d'ordonnance de M. le général Pau, chef de la Mission.

(3ᵉ et 4ᵉ trimestres 1918. — 1ᵉʳ et 2ᵉ trimestres 1919.)

Le commandant d'André a été attaché à ma personne en qualité d'officier d'ordonnance pour toute la durée de la Mission que, du 14 juillet 1918 au 31 juillet 1919, j'ai eu à diriger en Australie, Nouvelle-Zélande et Canada.

Dans ces conditions, au cours d'une campagne d'enquête et de propagande, aussi délicate par sa nature que pénible en tant que fatigues et obligations de représentation, le commandant d'André n'a cessé de donner les preuves d'une rare vigueur physique, d'une activité et d'un entrain parfaits; ses qualités de tact, d'éducation et de courtoisie lui ont valu les sympathies de ses collègues de la Mission, aussi bien que celles des autorités et des population des Trois Dominions. Et le Gouvernement australien a tenu à lui témoigner sa haute estime en lui conférant, avec l'approbation du Gouvernement français, le grade de colonel dans l'armée australienne.

Plus particulièrement chargé par moi d'étudier l'organisation et le fonctionnement des armées australiennes et néo-zélandaises pendant la guerre de 1914-1918 et mis en relations avec les ministères de la Défense de ces deux pays, il a, en dépit de sa connaissance imparfaite de la langue anglaise, mais au prix d'un labeur acharné, réuni tous les documents susceptibles de faire ressortir le mode et la valeur de l'effort militaire de ces deux Dominions. Le rapport établi par lui et destiné au 2ᵉ bureau de l'État-major de l'armée, traite, notamment, dans tous ses détails, la question d'ordre politique et militaire du rejet en Australie du projet de conscription présenté par M. Hughes, premier ministre. Ce travail pourra être utilement consulté par les Commissions spéciales qui, dans l'avenir, seront appelées à collaborer à l'œuvre de la réorganisation militaire de la France, au cas où le système des milices nationales prévaudrait.

En résumé, le commandant d'André, intelligent, actif, très dévoué, homme du devoir, a une personnalité marquée. Il mérite à tous égards *le grade de lieutenant-colonel et la croix d'officier.*

Paris, le 9 juin 1919.

Le Général Pau, chef de la Mission française en Australie, Nouvelle-Zélande et Canada,

Signé : PAU.

---

(1) Vingt-cinq ans auparavant, M. le général O'Neill, commandant le 16ᵉ corps d'armée, notait, le lieutenant d'André : officier à pousser dans l'intérêt de son arme.

2° Citation.

Extrait de l'ordre de l'armée n° 23651 « D » du 1ᵉʳ juin 1920.

Sont cités à l'ordre de l'armée :

. . . .

D'André (Marie-Auguste-Albert-Félix), chef de bataillon au 13ᵉ régiment d'infanterie (anciennement commandant le 2ᵉ bataillon du 172ᵉ régiment d'infanterie) :

« Avec un courage remarquable et des qualités de chef sans pareilles, a mené, les 20, 21 et 22 mai 1915, une attaque sur le bois d'Ailly, et a enlevé successivement cinq lignes de tranchées aux Allemands. Mal soutenu par les unités en arrière, a été coupé du chemin du retour et n'a pu être secouru par d'autres troupes qui le croyaient mort ou prisonnier avec la compagnie de son bataillon qui l'avait suivi. A opposé une résistance opiniâtre, pendant trois jours, aux attaques allemandes, jusqu'à épuisement total des vivres et des munitions. Deux fois blessé au cours de la campagne. »

Paris, le 1ᵉʳ juin 1920.
Pour le ministre de la Guerre, et par son ordre :
Le général, chef de cabinet,
PENET.

3° Mise à la retraite.

<table>
<tr><td>

8ᵉ CORPS D'ARMÉE
——
16ᵉ DIVISION D'INFANTERIE
16ᵉ INFANTERIE DIVISIONNAIRE
——
13ᵉ Régiment d'Infanterie
——
OBJET :
Demande de mise à la retraite

</td><td>

Château d'Aubussargues, par Saint-Chaptes (Gard).
Mardi 24 août 1920.

Le chef de bataillon d'André (Félix), du 13ᵉ régiment d'infanterie, en permission à Aubussargues (Gard), à Monsieur le Ministre de la Guerre.

</td></tr>
</table>

Avec l'ancienneté du 24 juin 1911 et l'année 1867 comme date de naissance, inscrit sur l'annuaire en tête des chefs de bataillon, je me trouve être le doyen des commandants de France.

En cette qualité, je ne me reconnais pas le droit de me soustraire au régime que la guerre imposa à mes camarades de grade, ceux-là mêmes qui tinrent le front jusqu'au bout.

Cinquante-trois ans ayant été la limite d'âge fixée alors, par la circulaire du 5 janvier 1918, pour leur radiation des cadres, je suis donc amené à demander la mienne pour le jour où j'aurai cet âge, c'est-à-dire le 18 octobre prochain.

Quel que soit l'imprévu réservé à mes derniers jours, je tiens à déclarer que c'est le cœur brisé que je demande à quitter une carrière dont, autant par atavisme que par goût technique, j'avais la vocation dans le sang.

Bien qu'en France je n'aie pas donné ma mesure, j'ai eu le bonheur, cependant, de faire mes preuves au delà des mers, en particulier au Sud-Amérique où, en matière de création, d'organisation, d'administration et d'instruction, mes onze ans de commandement supérieur m'ont permis de laisser une œuvre utile qui me survivra.

Je devais à cette œuvre, je devais à mes ancêtres, à mes enfants et à moi-même de terminer ma carrière soit sur le Rhin, dont la reprise fut le but de ma vie, soit dans tout autre poste pour lequel auraient pu être utiles, d'une part la confiance que la troupe (française ou étrangère) m'a toujours et partout témoignée, et d'autre part mes préférences pour les études littéraires, les travaux scientifiques, en particulier ceux concernant le tir, les questions diplomatiques, économiques et militaires relevant de mes missions officielles antérieures en Australie, Canada, Nouvelle-Zélande et Pérou, ou de mes voyages précédents faits en Angleterre, Autriche, Bohême, Hongrie, Pologne, Suisse, Etats-Unis et Amérique du Sud.

En conséquence, et bien qu'ayant lieu de me louer de mon régiment actuel, j'avais déjà rédigé ma demande pour terminer, dans un poste autre qu'un corps de l'intérieur, une carrière qui méritait la fin glorieuse du champ de bataille, quand, brusquement, l'état désespéré de la santé de ma mère me rappela à son chevet, au terroir natal.

L'observance des devoirs filiaux est une obligation à laquelle je pouvais d'autant moins me soustraire que je me trouve être le seul homme resté valide d'une famille qui compte dix-sept morts à la guerre.

Dans ces conditions, la retraite s'impose.

Signé : D'ANDRÉ.

MINISTÈRE DE LA GUERRE
DIRECTION DE L'INFANTERIE

Bureau du Personnel
Nº 797 I/I

RÉPUBLIQUE FRANÇAISE

Paris, le 18 janvier 1921.

Le ministre de la Guerre à M. le général Boyer, commandant le 8ᵉ C. A.
(État-Major, 1ʳᵉ section, 1ᵉʳ bureau), à Bourges.

J'ai l'honneur de vous informer que, par décision du 17 janvier 1921, le chef de bataillon d'André (Marie-Auguste-Albert-Félix), du 13ᵉ R. I., a été admis, sur sa demande, à faire valoir ses droits à une retraite pour ancienneté de services et sera rayé des contrôles de l'armée active le 1ᵉʳ février 1921.

Je vous prie de vouloir bien assurer l'exécution de cette disposition.

Pour le ministre de la Guerre
et par son ordre :

Copie conforme :
Nevers, le 25 janvier 1921.   *Le Colonel directeur de l'infanterie,*
Le Lieutenant-colonel Sallé, commandant   Signé : G. LAGRUE.
provisoirement le 13ᵉ régiment d'infanterie,
Signé : SALLÉ.

Journal officiel du 26 mars 1921.

NOMINATIONS. — Au grade de *Chef de bataillon :* ...Choix : M. Favrot (F.-O.), Capitaine hors cadres (recrutement de Bar-le-Duc), en remplacement de M. d'André, retraité. — Maintenu hors cadres (Commandant du bureau de recrutement de Bar-le-Duc).

OUVRAGES TECHNIQUES PUBLIÉS PAR FÉLIX D'ANDRÉ

1º En français, à Paris :

La Rasance des terrains avec le Clipsomètre (1). 1899. Baudoin, éditeur à Paris.

La Mitrailleuse aviatrice. 1909. Chapelot, éditeur à Paris.

Le Tir pour vaincre. 1914 (Préface de M. le général Cherfils). Berger-Levrault, éditeurs à Paris.

La Signalisation à portée de fusil. 1915 (Préface de M. le général Cherfils). Berger-Levrault, éditeurs à Paris.

Quand l'Heure était cruelle. 1918 (Préface de M. le général Cherfils). Chapelot, éditeur à Paris.

2º En espagnol, à Lima :

Manuel du fantassin.
Manuel du tireur péruvien.
Résultat des expériences faites en septembre 1901 avec le *fusil Mauser Argentin 1891* (au laboratoire avec chronographe, vélocimètre, etc., et au polygone).
Règlement de tir.
Livret de tir individuel.
École de compagnie et École de bataillon.
Règlements tactiques.
Questionnaire des examens des officiers et des *gradés d'infanterie à l'École Militaire de Chorrillos.*
Progression de l'instruction militaire intensive à donner au bataillon détaché au camp de Cascajal.
Progression de l'instruction militaire annuelle des corps de troupe d'infanterie et conseils de l'instructeur en chef et inspecteur de l'arme.
Rapport sur le nouveau règlement français.
Projet de réorganisation de l'École Militaire (division supérieure et division de troupe).
Règlement de service intérieur.
Programme des cours pour officiers et gradés détachés à l'École Nationale de Tir (comprenant : *arithmétique, algèbre, géométrie, trigonométrie, analyse mathématique, mécanique, physique, chimie, service en campagne et tactique, fortification, topographie, orientation, télégraphie optique et signalisation, hygiène, relève des blessés et premiers soins, balistique, artillerie, effets des feux* et *conduite du tir, télémétrie, armement* et *munitions, méthodes d'instruction, appréciation des distances, enseignement de tir* et *pratique du feu, réparation de l'armement, gymnastique* et *exercices physiques, escrime, relève des blessés* et *premiers soins*).
Cours d'analyse mathématique préparatoire à la balistique.
Cours de balistique intérieure.
Cours de balistique extérieure.
Cours sur les méthodes d'instruction du tir dans les différents pays.
Cours sur la télémétrie et *l'appréciation des distances.*
Cours sur les effets du feu et *la conduite du tir.*
Cours d'armement.
Cours d'orientation et de *signalisation.*
Cours de fortification.
Cours de topographie.
Cours d'artillerie.
Feuillet illustré de l'École Nationale de tir.
Album du Tir national.
Notes sur l'invention de l'*Indicateur du tir efficace* et d'une *cible automatique* tombant au choc de la balle.
Règlement du Tir National portant organisation des *Sociétés* et *Centres de tir*, Réglementation du *Concours de tir annuel*, *Classification* des tireurs par catégories et récompenses.

---

(1) Invention honorée d'une lettre de félicitations du ministre de la Guerre et d'une mise à l'ordre du jour de la 63e brigade. Ouvrage couronné par la Société de Topographie de France (grande médaille, hors classes pour 1899), l'Académie des Sciences de Toulouse (premier prix d'honneur de l'année 1899) et par de nombreuses académies et sociétés savantes de France et de l'étranger. Grand prix d'édition à l'Exposition universelle de Paris en 1900.

Prescriptions pour le 7e régiment d'infanterie (*Livre Bleu*) concernant l'appel, l'instruction intensive pendant trois semaines des surnuméraires et réservistes du département de Junín (provinces de Jauja, Tarma et Huancayo) et le programme de manœuvres de la semaine finale en 1906.

Rapport de fin d'année, en 1906, pour la *clôture de l'année* scolaire et le budget de l'*École militaire de Chorrillos.*

Annuaire général des Sociétés de tir.

Projet de *Règlement tactique pour l'infanterie.*

Projet de *Règlement de tir.*

Règlement pour l'emploi de la mitrailleuse Maxim mle 1901.

Cours de tactique de l'infanterie professé à l'École de Guerre de Bellavista (1re promotion).

Cours de tactique générale de l'École supérieure de Guerre de Bellavista (2e promotion) avec étude de l'emploi dans la bataille moderne de la *cavalerie* et de l'*artillerie.*

Cours de stratégie pour l'École supérieure de Guerre de Bellavista (2e promotion) avec étude sur le fonctionnement de l'*État-Major en Campagne* et sur l'*Administration* en temps de guerre.

Questionnaire pour les *examens oraux de l'École supérieure de Guerre* (2e promotion).

Règlement pour l'organisation de la *cartoucherie de Lima* et la *réception des munitions* fabriquées.

Règlement sur le *réapprovisionnement des munitions.*

Enquête sur les *combats en guérillas,* aux frontières menacées.

Carte stratégique du Pérou.

Projet de l'*organisation militaire* du Pérou et de *mobilisation* de ses forces (exemplaires numérotés et confidentiels).

Rapport sur la réfection des *quartiers péruviens.*

Rapport sur l'*alimentation* des troupes par unités administratives (compagnies), substituée à l'emploi des « rabonas » (femmes à soldats).

Rapport sur un projet d'*épargne volontaire,* réalisée par le troupier, sur sa solde très forte (permettant d'espérer la suppression de la désertion — le fléau de l'armée — avec l'octroi d'un *livret de caisse d'épargne* destiné à civiliser le soldat, en lui donnant le goût de l'économie).

Projet de *loi d'avancement* pour les officiers (choix et ancienneté), tout officier de l'active devant assumer, en cas de guerre, avec grade à l'appui, le commandement immédiatement supérieur à celui qu'il détient en temps de paix.

Projet de création du grade d'*adjudant.*

Projet de création des *officiers de réserve.*

Projet de réorganisation de la *gendarmerie péruvienne.*

Projet d'organisation de l'*infanterie montée* (recrutée avec les *meilleurs tireurs* de l'armée et remontée avec les *chevaux de pas* du pays battant l'amble rompu).

Projet d'institution de *pensions de réforme* pour les soldats blessés en service.

Projet (pour le *corps de santé militaire*) d'un *recrutement* assuré par engagement décennal (signé en garantie de l'enseignement médical donné gratuitement).

Projet d'acquisition du *polygone municipal* de San-Gerónimo.

Projet d'organisation des *Écoles militaires.*

Rapport pour conserver le *polygone de la Herradura* aux Écoles « Nationale de Tir » et « Militaire » de Chorrillos.

Rapport sur le *fusil-mitrailleur.*

Rapport sur la *Défense de la Quebrada.*

Projet de création d'une *croix* réservée aux seuls péruviens, et comportant émoluments gradués, destinée à récompenser le mérite militaire.

Projet de création d'un *club militaire* à Lima.

Programme détaillé des cours de l'*École d'aviation* de Lima, comprenant : cours *techniques* (océan aérien et aéronautique générale, mécanique de l'aviation, moteurs légers, résistance des matériaux) ; cours *pratiques* (technique du vol, réparations du moteur, constructions mécaniques et réparations de l'avion) ; cours *militaires* (tactique générale et des trois armes, marine, topographie, orientation, balistique, armement, artillerie et armes portatives, tir, télégraphie, administration et législation) ; cours *généraux* (analyse mathématique, mécanique, physique, chimie, astronomie, géographie, histoire militaire, hygiène) et *exercices sportifs* (entraînement physique au vol, gymnastique aux agrès, escrime, sauts et jeux divers, emploi du planeur, du parachute, etc.

Cours de *mécanique de l'aviation* et d'*aéronautique générale.*

Projet d'établissement de *guides des secteurs* pour la carte du Pérou (travail confidentiel).

TABLE DES MATIÈRES

Pages

APPENDICE I

État des pertes du 172ᵉ régiment d'infanterie
au cours de l'attaque du bois d'Ailly, lancée par le 2ᵉ bataillon,
les 20, 21 et 22 mai 1915.

APPENDICE II

Une œuvre vue à travers les conférences, les cours techniques,
les livres, les revues et la presse.

ÉPILOGUE

IMPRIMERIE BERGER-LEVRAULT, NANCY-PARIS-STRASBOURG